Mathias Jung

Rabenvater

Der Vater-Sohn-Konflikt
oder
Warum ich meinen Vater dennoch liebe

Ich möchte Dir auch sagen, dass ich Dich lieb habe und an all Deinem Leben teilhabe, und dass ich gar nicht daran zweifle, dass Du dies mit den Jahren mehr und mehr fühlen wirst. Durch die Störung und Trennung meiner Ehe, durch Muttis lange und wiederholte Krankheiten und all das ist manches zwischen Dich und mich gekommen, aber mein Sohn bist Du doch, auch wenn ich morgen sterben würde, wärest Du stets und für immer mein Sohn und würdest in Dir selber ein Stück von meinem Wesen und von meinem Geist tragen. Dass daraus mit den Jahren ein immer besseres und uns beiden wertvolleres Verhältnis werde, ist mein herzlicher Wunsch.

Hermann Hesse
an seinen jüngsten Sohn Heiner (1924)

Mathias Jung

Rabenvater

Der Vater-Sohn-Konflikt
oder
Warum ich meinen Vater dennoch liebe

emu-Verlag

ISBN 978-3-89189-200-8
Zeichnungen: Andrea Montermann
Umschlaggestaltung: Martin Gutjahr-Jung
Autorenfoto: Martin Gutjahr-Jung
Gesamtherstellung: Kösel, Krugzell

Inhaltsverzeichnis

Fragen

Je mehr wir uns auf die Zweierbeziehung von Mutter und Kind versteifen, desto größer wird die Verantwortung der Mutter für das Kind, und desto mehr wird der Vater aus dem Erziehungssystem ausgestoßen . . .

Solange man annimmt, dass der Mutterinstinkt stärker ist als der Vaterinstinkt, wird man künftig Generationen von Kindern schaffen, die von Frauen erzogen werden und allen neurotischen Abweichungen ausgesetzt sind, die daraus entstehen können, sowohl im Hinblick auf Frauen als auch auf Männer.

Christiane Olivier
Die Söhne des Orest.
Ein Plädoyer für Männer
1994, S. 72

Die Vateranekdote, die mir die Schauspielerin und Gesundheitsberaterin GGB Barbara Rütting erzählte, ist mir in ihrem makabren Witz unvergesslich. Sie handelt von dem Schauspieler Gustav Knuth, der sie ihr selbst berichtete. Die Familie Knuth hatte eine von den Kindern geliebte Katze namens Kathi. Eines Tages – Gustav Knuth war wieder einmal auf einer Theatertournee unterwegs – wurde Kathi überfah-

ren. Als die Kinder aus der Schule kamen, versuchte Frau Knuth, ihnen vorsichtig die traurige Nachricht beizubringen: „Etwas Schreckliches ist passiert – Kathi ist tot." Keine Reaktion. Die Kinder spielten bis zum Mittagessen, dann fragte eines von ihnen am Tisch: „Wo ist denn Kathi?" Frau Knuth antwortete: „Ich habe euch doch erzählt, Kathi ist überfahren worden, sie ist tot!" Daraufhin brachen die Kinder in jämmerliches Weinen aus: „Wir haben gedacht, **Vati** ist tot!"

Darin steckt ein Körnchen Wahrheit. Viele Väter waren und sind *abwesende* Väter. „Fünfzig Prozent der Väter beklagten, dass sie nicht genug Zeit haben, um sich mit ihren Kindern zu beschäftigen", registriert Susanne Paulsen (in: *Geo Wissen*, Nr. 46, S. 32), „von den Müttern sagen das nur vierundzwanzig Prozent." Das ist auch der Grund, warum ich dieses Buch schreibe: Das *Vaterdefizit*.

Es hat mein eigenes Leben ungünstig geprägt. Meine Eltern trennten sich, als ich sechs Jahre alt war. So hilflos, wie meine Eltern mit der Scheidung umgingen, wurde es zur Katastrophe für uns vier Kinder. Wir drei Söhne wurden nach Österreich in ein liebloses Jesuiteninternat expediert, meine Schwester durfte/musste mit der enttäuschten Mutter zuhause bleiben. Beide Eltern heirateten nie wieder. Sie lebten in der gleichen Straße neun Häuser auseinander. Mein Vater, ein sportlich attraktiver, geselliger und musischer Mann, war zwar jahrzehntelang im Roten Kreuz hingebungsvoll ehrenamtlich engagiert, aber für uns abwesend. Er nahm sich keine Zeit für uns. Ich wuchs mit dem Gefühl auf, „Vater bin ich gleichgültig". Umso mehr wertete ich ihn als Nestflüchter und Don Juan ab, um den schrecklichen Verlust des Liebesobjektes zu mildern. „Hinter der Verachtung", sagt Freud, „steckt das Begehren".

Ich sprach dann viele Jahre mit der geliehenen Stimme meiner enttäuschten, für eine neue Liebe verschlossenen Mutter *über* meinen Vater, nicht mit ihm. *Seine* Wahrheit habe ich deshalb nie erfahren. Als er mit sechsundsiebzig Jahren an Krebs starb, erlebte ich mein blaues Wunder in Sachen Vaterliebe. Dieser Vater, den ich ablehnen zu müssen meinte und dem ich mein Herz seit dem sechsten Lebensjahr weitgehend verschlossen hatte, vererbte uns vier Kindern nicht nur seinen nicht unbeträchtlichen Immobilienbesitz, sondern bedachte in seinem Testament jeden von uns liebevoll mit einem seiner antiken Möbel. Seine letzte Freundin brachte mich zum Weinen, als ich sie – es kostete mich Mut – aufsuchte. „Dein Vater war im Alter geizig", berichtete Franziska, „gegen sich selbst. Sein Kühlschrank war meist armselig bestückt. Als ich ihn darauf ansprach, er war doch so ein Lebensgenießer, antwortete er: ‚Ich muss sparen. Für meine Kinder'."

Das Drama zwischen Vaterliebe und Vaterhass prägt uns Söhne bis in die letzte Zelle unseres Körpers. Denn wir müssen uns mit diesem ersten Mann unseres Lebens identifizieren, um selbst Mann zu werden. Wie sollte ich das als Muttersohn? Mutter konnte mich die *anima* (C. G. Jung), die weibliche Seele, mit ihrer schwingenden Empathie und Sensibilität lehren, aber nicht den *animus*, die männliche Seele. Prompt lernte ich weder Fußballspielen noch Skifahren, Basteln oder einen Fahrradschlauch flicken. Als dreißigjähriger Mann verstand ich in meiner Rolle als „Kümmerer" bestens die Frauen, aber nicht die Männer. Ich sehnte mich nach ihnen und ich hatte zugleich Angst vor ihnen.

Indem meine über die gescheiterte Ehe erbitterte Mutter ihren Mann verteufelte, nahm sie ihn uns. Ich habe Jahre der Einzel- und Gruppentherapie als „Muttersohn" gebraucht, um mich mit dieser von mir bewunderten ersten Frau in meinem Leben kritisch auseinanderzusetzen und endlich meinen Vater in mein Herz zu lassen. Solange ich das aus

Angst nicht wagte, konnte ich weder autonom noch ein vitaler Mann werden.

Christiane Olivier beschreibt die Psychogenese eines vaterlosen oder vaterarmen Sohnes so: „Die *Identifikation* ist ein tiefgreifender Prozeß, der ein Kind dazu bringt, ‚wie‘ der gleichgeschlechtliche Elternteil zu werden, damit er ihn einholt und ihm eines Tages gleichrangig wird. Deshalb darf dieser Elternteil nicht beschimpft, abgewiesen, verurteilt oder ihm der Umgang mit dem Kind untersagt werden, denn sonst gibt es kein Vorbild für das Kind, und sein Traum wird verhindert" (ebd., S. 171). Und: „Je einzigartiger die Mutter-Sohn-Beziehung ist und je länger sie dauert, desto heftiger wird die Reaktion des Mannes sein. Eine Familie ohne Vater ist alles andere als der ideale Ort, um den neuen Mann zu schaffen. Ganz im Gegenteil: Allein von einer Frau erzogen zu werden, kann die Reaktion der Jungen gegen die Frauen nur verstärken. Der neue Mann, der der Frau gleichgestellt ist und sie ergänzt, kann nur aus einer Familie hervorgehen, in der nicht alle Macht in den Händen einer Frau liegt" (ebd., S. 174). Dabei hatte alles so gut mit meinem Vater und mir angefangen. Er war als Oberstabsarzt auf einen Fliegerhorst in Bordeaux kommandiert worden, als ihm meine Mutter im Mai 1941 ihre erneute Schwangerschaft ankündigte. Ich, das jüngste Kind, war unterwegs. Rasch schickte mein Vater eine Postkarte zurück. Auf ihr war eine großmütige Löwenmutter mit ihrem kleinen Welpen abgebildet. Sie beide schauten zuversichtlich ins Leben. Voller Hoffnung schrieb mein Vater, das jüngste Kind werde wohl ein „Friedenskind" werden. Er hoffte, dass der Krieg bald beendet und er Weihnachten wieder zu Hause bei seiner Familie und seinen Patienten sein werde. Noch ahnte keiner etwas von dem verbrecherischen Überfall der Hitlerwehrmacht auf die Sowjetunion einen Monat später ...

Wie unersetzlich wichtig der Vater den Söhnen (und natürlich auch den Töchtern) ist, beschrieb Wilfried Wieck, der bedeutende Männertheoretiker, in seinem Buch *Söhne brauchen Väter* (München 1992, S. 147): „Von ganz eminenter Bedeutung für die Entwicklung der Persönlichkeit des Sohnes ist, dass er schon in der frühesten Lebenszeit seine tiefe Bindung an seinen Vater erleben kann und sein Grundbedürfnis nach Geborgenheit auch im Zusammenhang mit dem Vater gesättigt wird. Dann wird der Sohn ein Urvertrauen entwickeln. Das Bedürfnis nach Geborgenheit hat Vorrang, aber es wird nicht allein durch den Kontakt mit der Mutter befriedigt. Sobald der Neugeborene den Mutterleib verlassen hat, muss er auch am Bauche seines Vaters liegen dürfen."

Nichts habe ich als Kind mehr geliebt als die Abenteuer und Streiche des – von den Nazis hingerichteten – Zeichners E. O. Plauen. Seine Bildergeschichten waren, glaube ich, die symbolhafte Trostlektüre der vaterlosen und vaterarmen Nachkriegssöhne schlechthin. Wie selig war ich über die Erlebnisse von *Vater und Sohn auf der einsamen Insel*. Da saßen sie nun und waren hungrig. Der glatzköpfige und schnauzbärtige Vater sehnte sich nach einer Maß Bier und einer Brotzeit, der Sprössling nach einer Kanne Kakao und einem Gugelhupf. Doch da war nichts als ein gähnend leerer Strand. Bis auf einmal eine große Kiste an das Ufer gespült wurde. Voller Vorfreude auf Naturalien brachen Vater und Sohn sie auf. Doch was steht vor ihnen – ein Piano. Nun gut, Vater und Sohn nutzen die Gunst der Stunde: Sie klimpern fröhlich vierhändig. Das war Urvertrauen und gegenseitige Liebe pur. So erfuhr ich es auch in dem Vater-Sohn-Film *Wenn der Vater mit dem Sohne* von Heinz Rühmann und dem kleinen Oliver Grimm. Es war ein Schmachtfetzen, aber er brachte mich zum Weinen. Genau diese väterliche Aufmerksamkeit und Liebe wünschte ich mir. Noch heute besitze ich kein Foto, das mich mit meinem Vater in

Zweisamkeit zeigt. Ich hatte meist das Gefühl, ich langweile ihn.

Wenn ich in meinen Männergruppen meine Geschlechtsgenossen bitte, das Verhältnis zu ihrem Vater zu benoten, so ist das Ergebnis regelmäßig bestürzend: Von vierzehn Teilnehmern votieren etwa vier zwischen „sehr gut", „gut", und „befriedigend", dagegen zehn mit „genügend" und „ungenügend". Wenn sie auf einem Zettel ihren Vater beschreiben sollen, dann überwiegen Erinnerungen wie diese:

„Mein Vater schlug mich oft."

„Mein Vater hatte kein eigentliches Interesse an mir."

„Mein Vater wollte nur Leistungen von mir sehen."

„Mein Vater erzog mich dazu, keine Gefühle zu zeigen."

„Wenn ich weinte, schimpfte Vater."

„Vater sagte: Wenn du heulst, kriegst du noch mehr."

„Mein Vater war grob und immer darauf aus, eine Schwäche von mir zu entdecken."

„Vater war zwar da, aber er verzog sich immer hinter die Zeitung oder vor die Glotze."

„Nach der Scheidung verpisste sich mein Alter, zahlte wenig und kümmerte sich nicht um uns."

Wie viel Elend und Wut liegen in diesen bitteren Bilanzen enttäuschter Söhne! Natürlich gibt es auch Schilderungen guter Vater-Sohn-Beziehungen:

„Mein Vater war liebevoll."

„Mein Vater war sonnig und voller Witz."

„Mein Vater hat mir viel handwerklich beige-bracht."

„Er war verlässlich."

Doch im Gegensatz zur Mutter-Sohn-Beziehung sind diese positiven Bewertungen deutlich geringer. Väter waren uns Söhnen gegenüber oft unsichere Kantonisten. Sie brachten uns nicht zu Bett, sie schmusten nicht mit uns, sie erzählten uns nichts von sich, sie trockneten nicht unsere Kleine-Jungen-

Tränen, sie klärten uns in der Pubertät nicht auf. Der erste Mann in unserem Leben lebte uns häufig Maulfaulheit, Verschlossenheit und Härte vor. Doch war unsere Sehnsucht nach diesem Vater unermesslich groß. So groß, dass wir die Abweisung durch den Vater mit der *Frauensucht* zu kompensieren suchten und häufig die ersehnte Nähe zu einem anderen Mann tabuisierten. Es ist eine Reaktionsbildung aus Enttäuschung: Kein Mann soll uns wieder so tief verletzen dürfen wie dieser erste, dieses „emotionale Sparschwein".

Das negative Vatererlebnis wandert, wie die Psychoanalyse sagt, als *Introjekt*, als Verinnerlichung, in unsere Seele. Wenn wir es nicht klären, beherrscht es uns im Zweifelsfall ein Leben lang. Wenn ich meinen Vater (oder meine Mutter) langanhaltend verachte, so fühle ich mich selbst verachtenswert. Christiane Olivier: „Wie soll ich mir selbst vertrauen, wenn in mir ein so großes Potenzial an Misstrauen und negativen Gefühlen besteht? In den Psychotherapien ist es oft ein sehr langer Prozess, bis eine positive innere Basis für die weitere Gestaltung des Lebens gefunden werden kann. Das tiefe Misstrauen zu heilen, das diese Menschen sich selbst, dem Leben ... gegenüber über viele Jahre empfinden, das sie unter Umständen krank macht und ihre Lebensfreude raubt, ist ein langwieriger Prozess. Er kann jedoch, therapeutisch begleitet, noch zu einem guten Ende führen. Eine Schwierigkeit ist allerdings, dass sich manche Menschen gar nicht für wert und würdig halten, eine solche Hilfe in Anspruch zu nehmen. So negativ ist die eigene Seele besetzt" (ebd., S. 48).

Natürlich habe ich den Buchtitel *Rabenvater. Warum ich meinen Vater dennoch liebe* auch durchaus polemisch-provozierend gewählt. Er soll dich, Bruder Mann, aufschrecken, stimulieren und zur *Vaterarbeit* ermuntern. Den Titel hat mir meine Freundin, die bedeutende Schweizer Psychotherapeutin und Bestsellerautorin Julia Onken „geschenkt". Sie selbst hat in ihrem erschütternden Frauenbuch *Rabentöchter. Warum ich meine Mutter trotzdem liebe* das parallele Drama von Mutter und Tochter analysiert und wichtige Schritte zur Versöhnung aufgezeigt. Für die emanzipierten, gut ausgebildeten erwachsenen Töchter von heute bildet oft die Geringschätzung und Verachtung ihrer angepassten und konservativen „Hausfrauenmütter" die entscheidende Liebesbarriere. Bei den erwachsenen Söhnen ist es eher das „Vaterloch".

Der amerikanische Lyriker Robert Bly hat in seinem poetischen Männerinitiationsbuch *Eisenhans* (München 2011, 7. Auflage) die innere Situation der vater-armen Gesellschaft so gekennzeichnet: „Sobald die Büroarbeit und das ‚Informationszeitalter' dominieren, löst sich das Vater-Sohn-Band auf. Wenn der Vater nur abends ein oder zwei Stunden zuhause ist, dann sind die weiblichen Werte, so wunderbar sie auch sein mögen, die einzigen im Haus. Man könnte fast sagen, dass der Vater heutzutage seinen Sohn fünf Minuten nach dessen Geburt verliert." Bly ist es auch, der den legendären Satz der Männerbewegung formulierte: „Letztlich muss ein Mann alles, was ihm eingetrichtert wurde, über Bord werfen und selbst herausfinden, was ein Vater ist und was Männlichkeit bedeutet" (ebd., S. 73).

Dabei hat sich das Männerbild infolge der „Frauenrevolution" historisch dramatisch geändert. Das erste Gleichberechtigungsgesetz trat am 1. Juli 1958 in Kraft. Es bewirkte eine soziologische Revolution für beide Geschlechter. Obwohl im Grundgesetz, Artikel 3, Abs. 2 auf Initiative der SPD-Politikerin Elisabeth Selbert sozusagen in Stein gehauen der Satz stand, „Männer und Frauen sind gleichberechtigt", durften Ehemänner das Berufsverhältnis ihrer Ehefrau bis dahin kündigen, wenn dieses die „ehelichen Interessen" störte. Sie durften das Geld der Anvertrauten verwalten und verfügten über ein *Letztent-*

scheidungsrecht in allen ehelichen Belangen: „Dem Manne", so lautete der Paragraph 1354 des BGB bis 1958, „steht die Entscheidung in allen das gemeinschaftliche eheliche Leben betreffenden Angelegenheiten zu; er bestimmt insbesondere Wohnort und Wohnung."

Noch in einem Schreiben des Kölner Erzbischofs Kardinal Josef Frings an den Justizminister in den 50er-Jahren, forderte der hohe Kleriker, „die Differenz der Geschlechter" anzuerkennen. Der Gesetzgeber habe den Mann als „naturgemäßen Träger der von dem Ehe-Ordnungs-Prinzip geforderten Autorität" zu würdigen. Es waren gerade einmal 186 Abgeordnete gegen 172, die das *Letztendscheidungsrecht* abservierten. Die CDU/CSU stellte sich geschlossen auf die Seite des Patriarchats. Aber selbst dann durften Ehefrauen noch einige Jahre hindurch nur arbeiten, „soweit dies mit ihren Pflichten in Ehe und Familie vereinbar" war. Der CDU-Familienminister Franz-Josef Wuermeling, von 1953 bis 1962 amtierend, sah die natürliche Aufgabe der Frau in „Selbsthingabe und Selbstverleugnung" – das Heimchen am Herd.

Erst 1955 durfte sich eine ledige weibliche Person im amtlichen Verkehr „Frau" – statt „Fräulein" – nennen. 1961 gab es die erste Bundesministerin, nämlich Elisabeth Schwarzhaupt. Im gleichen Jahr kam in Westdeutschland die Anti-Baby-Pille auf den Markt, von Kirche und Konservativen mit Wutgeheul empfangen. Noch meine – katholische – Arztmutter verschrieb Antikonzeptiva erst dann unverheirateten Frauen, als ihr die Patientinnen wegzulaufen drohten. 1976 kippte, nachdem die Journalistin Alice Schwarzer fünf Jahre vorher die Kampagne gegen den § 218 erfolgreich gestartet und in der Zeitschrift *Stern* 374 Frauen zum Bekenntnis einer Abtreibung bewogen hatte, der Bundestag mit einer knappen sozialliberalen Mehrheit den alten Abtreibungsparagraphen und ermöglichte den straffreien Schwangerschaftsabbruch, wenn auch mit bestimmten Einschränkungen. Der von dem Pädagogen Georg Picht angeprangerte *Bildungsnotstand* schließlich führte ab den 60er-Jahren zur *Bildungsrevolution*: Heute haben wir mehr Abiturientinnen als Abiturienten, mehr Studentinnen als Studenten. Auch im Studiengang Medizin dominieren inzwischen die Frauen.

Das alles führte reaktiv zu einer – noch immer nicht beendeten – Evolution des Männerbildes. Viele junge Männer leben eine neue, eher weiche und den Kindern stärker zugewandte Vaterschaft. Sie tragen die Kinder im Brusttuch, füttern und windeln sie. Sie stellen inzwischen rund ein Viertel aller bewilligten Elterngeldanträge. Mit Klischees kommen wir also nicht weiter. Männer reagieren auf die Frauenbewegung und deren Ansprüche. Denn die jungen Frauen sind auf der Überholspur. Sie sind meist flexibler, fleißiger und erfolgreicher als die Jungen und dulden keine patriarchalen Fossile neben sich. Sie verlangen, dass der Mann die Regeln gegenüber den Kindern vertritt, dass er Verantwortung für ihr körperliches und seelisches Wohlergehen übernimmt, dass er für sie ansprechbar ist, mit ihnen spielt, spricht, sie tröstet und sie motiviert.

Das ist die eine Seite, die andere ist die problematische Tatsache der Retraditionalisierung: In der Mehrzahl der Jungfamilien bricht die Frau ihre so hoffnungsreich begonnene Berufstätigkeit ab und widmet sich der Kinderpflege, während der Mann gleichzeitig in seiner beginnenden Berufskarriere mehr als jemals zuvor arbeitet. Das ist familienpsychologischer Sprengstoff, ebenso wie die immer noch wachsenden Scheidungsraten, die vaterarme Kinder am laufenden Band produzieren. Kann der „Jedes-zweite-Wochenende-Vater" dem Kind noch Urvertrauen vermitteln? Auf dem Land wird inzwischen jede dritte, in der Großstadt jede zweite Ehe geschieden. Die in den Folgebeziehungen zusammengestöpselten Patchworkfamilien stellen ein weiteres, ernst zu nehmendes Problem dar. Christiane Olivier: „Für den Vater gilt folgender Satz: Keine Frau mehr – kein Kind mehr. Der Vater verschwindet aus der Familie, stellen Soziologen, Demographen, Kinderärzte und Juristen beunruhigt fest; der ‚Zusammenbruch‘, ja, die ‚Enthauptung‘ der Väter wird vollzogen, und dafür gerät die Familie mit einem Elternteil immer mehr in den Vordergrund. Ihr Oberhaupt ist eine Vater-Mutter, die glaubt, ganz ohne Vater auskommen zu können (ebd. S. 61).“

Fragen über Fragen also. Ich habe, quasi als Essenz, neunzehn Fragen zum Vater-Sohn-Konflikt in der Zeitschrift *Der Gesundheitsberater* (August 2011) veröffentlicht. Es handelt sich hierbei um eine monatlich erscheinende, unabhängige Zeitschrift für Gesundheitsthemen im weitesten Sinne, die zugleich als Vereinsorgan der Gesellschaft für Gesundheitsberatung (GGB) erscheint. So konnte ich relativ direkt einen großen Männerkreis ansprechen, der meinem Unternehmen wahrscheinlich aufgeschlossen begegnen würde.

Liebe Männer, ich bin von Herzen dankbar für Eure großartigen, mutigen Reaktionen. 111 (einhundertelf!) Antwortbögen habe ich erhalten, in denen Ihr

Euer Herz weit öffnet. Nicht selten sind mir die Tränen gekommen, so anrührend oder so schmerzhaft waren Eure Vater-Sohn-Berichte. Ich habe Euch in meinem Buch andere Namen gegeben, um Euch, wie versprochen, zu schützen. Ich habe viel gelernt von Euch, vor allem über die gerechte Würdigung des Vaters und die Kunst des Verzeihens. Es sieht so aus, als ob ich mit den Fragen den Nerv, Glück und Unglück der Vater-Sohn-Beziehung getroffen und Euch zu mutigem und gütigem Nachdenken verholfen habe.

Walter schreibt: „Es ist mir ein Bedürfnis, Dir für diese Deine Fragen herzlich zu danken. Sie sind für mich ein Geschenk: warmherzig und treffsicher, für meinen eigenen Klärungsprozess hilfreich. Ich habe sie auch unserem erwachsenen Sohn übermittelt, mit der Option, diese für sich intern zu beantworten beziehungsweise Dir oder/und mir seine Antworten mitzuteilen. Meine Ausarbeitung habe ich meiner Frau zur Kenntnis gegeben und mit ihr darüber gesprochen; ich bin bereit, diese meinem Einzeltherapeuten für körperorientierte Psychotherapie und auch unserem Sohn in einem persönlichen Gespräch zu übergeben. Meine Geschichte ist auch Bestandteil seiner Quelle. So möchte ich leisten, wozu meine Eltern (-Generation) (noch) nicht in der Lage waren.

Als Vater und als Eltern wollen wir es ja ‚besser machen', als wir es selbst erfuhren."

Für Dich, lieber Leser, sind die neunzehn im Folgenden abgedruckten Fragen zur Reflexion Deiner eigenen Vater-Sohn-Geschichte gedacht. Sie lauten:

1. *Bist du entspannt und gut gelaunt, wenn du mit deinem Vater zusammen bist?*
2. *Würdest du deinem Vater etwas Intimes anvertrauen (Schulden, eine Außenbeziehung, Arbeitslosigkeit, sexuelle Schwierigkeiten)?*
3. *Denkst du mit Dankbarkeit und Vergnügen an den Vater deiner Kindheit zurück, mit Groll oder mit gemischten Gefühlen?*
4. *Was war ein schönes, was war ein bitteres Kindheitserlebnis mit deinem Vater?*
5. *Welche Note würdest du dem Verhältnis zu deinem Vater geben?*
6. *Was hast du von deinem Vater fürs Leben positiv mitbekommen – Geborgenheit, Werte, Bildung, kostbare innere Haltung, handwerkliche oder sportliche Fähigkeiten, materielles Erbe?*
7. *Was imponiert dir an deinem Vater?*
8. *Wonach hast du dich vergeblich gesehnt?*
9. *Falls deine Eltern sich scheiden ließen oder der Vater*

früh verstarb – wie hast du diese Situation als Kind erlebt?

10. *Auf welchen wichtigen Satz deines Vaters (auch wenn er inzwischen tot ist) wartest du heute noch? („Ich bin stolz auf dich", „Ich habe dich geliebt"...)*

11. *Welchen existenziell wichtigen Satz würdest du heute gerne deinem Vater, auch wenn er vielleicht tot ist, zurufen?*

12. *Wenn dein Vater verstorben ist, was hast du bei seinem Tod empfunden?*

13. *Wenn euer Verhältnis schwierig war, hast du deinem Vater inzwischen verziehen? Hast du die Verzeihung offen ausgesprochen? Warum hast du verziehen? Wer oder was hat dir dabei geholfen?*

14. *Wenn du noch nicht Frieden mit deinem Vater geschlossen hast, hast du es überhaupt vor? Wann? Wie? Wenn nein, warum nicht?*

15. *War dein Vater weltanschaulich, politisch und religiös eher eng oder liberal?*

16. *War dein Vater ein erotischer, gefühlsstarker und zugewandter Mann oder eher asexuell, nüchtern und verschlossen?*

17. *Gibt es etwas, wofür du selbst deinen Vater um Verzeihung bitten müsstest? Hast du ihm keine Chance gegeben? Warst du hart? Hast du ihn verurteilt? Hast du mit der geliehenen Stimme deiner Mutter*

negativ über den Vater gesprochen? Warst du selbst
für den Vater ein „Sorgenkind"?

18. *Wenn du ein Kind oder Kinder hast, wie lebst du heu-*
te deine Vaterschaft? Gerät sie dir gut, oder wieder-
holst du Fehler deines Vaters?

19. *Wenn du, sagen wir in einer therapeutischen Sit-*
zung, die Einladung erhieltest, die Rollen zu wech-
seln und als dein eigener Vater sein Leben zu erzählen
mit all seinen Höhen und Tiefen, Leistungen und
Niederlagen, was würdest du berichten? Was hat er,
positiv oder negativ, mit seinem Vater erlebt?

Vor der Heilung meiner Vaterbeziehung kommt
deren Diagnose. Sie ist schmerzlich, aber letztlich
befreiend. Das Leben stellt uns erwachsen gewordenen Söhnen die Aufgabe, uns mit dem als schwierig
empfundenen Vater zu versöhnen. Sonst droht die
Gefahr, dass wir selbst, unversöhnt und im Groll,
kein heiles Männerbild entwickeln. Versöhnung ist
das Gebot. Um diese zu erarbeiten, ist Einfühlung in
den Vater und seine Generation, Verzeihen und auch
Dankbarkeit vonnöten.

Der Publizist Alois Prinz schreibt in seinem Buch
Rebellische Söhne (2010, S. 7) über Hesse, Klaus Mann,
Kafka, Luther und Franz von Assisi. Er kommt zu
dem Schluss: „Söhne und Väter, so musste ich ler-

nen, können sich nicht einfach voneinander lossagen. Sie bleiben miteinander verbunden, auch wenn sie sich in vieler Hinsicht fremd sind. In seinem Sohn sieht ein Vater die, wie Thomas Mann es ausgedrückt hat, ‚Fortsetzung' seiner selbst und hegt entsprechende Erwartungen. Und für einen Sohn bleibt der Vater derjenige, dessen Anerkennung er sucht und braucht und den er zugleich bekämpfen muss, um seine eigene Persönlichkeit zu entfalten."

Vaterwunde

*Ich wurde so schlecht in der Schule, dass ich selbst in Erd-
kunde einen Fünfer verpasst bekam. Ich konnte nicht lernen, ich saß vor dem Stoff, und mein Blick verschwamm in
einer Mischung aus Erschöpfung, Schuldgefühl und der
Unmöglichkeit, dieses Schuldgefühl loszuwerden. Eines
bedingte das andere, ich war schlapp, schlecht und schuldig. Das Gefühl der Minderwertigkeit saß bereits fest. In
mir, in meinem Denken. Auch diese Kunst beherrschte
mein Vater: Zur körperlichen Sühne kam die seelische Ver-
gewaltigung. Statt einem Kind die Kraft fürs Leben einzu-
trichtern, es zu initiieren für die nächsten sechzig, siebzig
Jahre Zukunft, schlug er das Kinderherz in Stücke, demo-
lierte es.*

Andreas Altmann
Das Scheißleben meines Vaters, das Scheißleben
meiner Mutter und meine eigene Scheißjugend
2011, S. 67

Wir sahen: Ein Mann, der als Kind seinen Vater körperlich und gefühlshaft nicht erlebte, der kann auch
nicht durch ihn zum lebendigen, ganzheitlichen
Mann initiiert werden. Er verhärtet sich entweder
selbst nach der schizoiden Vater-Imago. Oder er
schlüpft in die mentale Haut seiner Mutter. Oder er

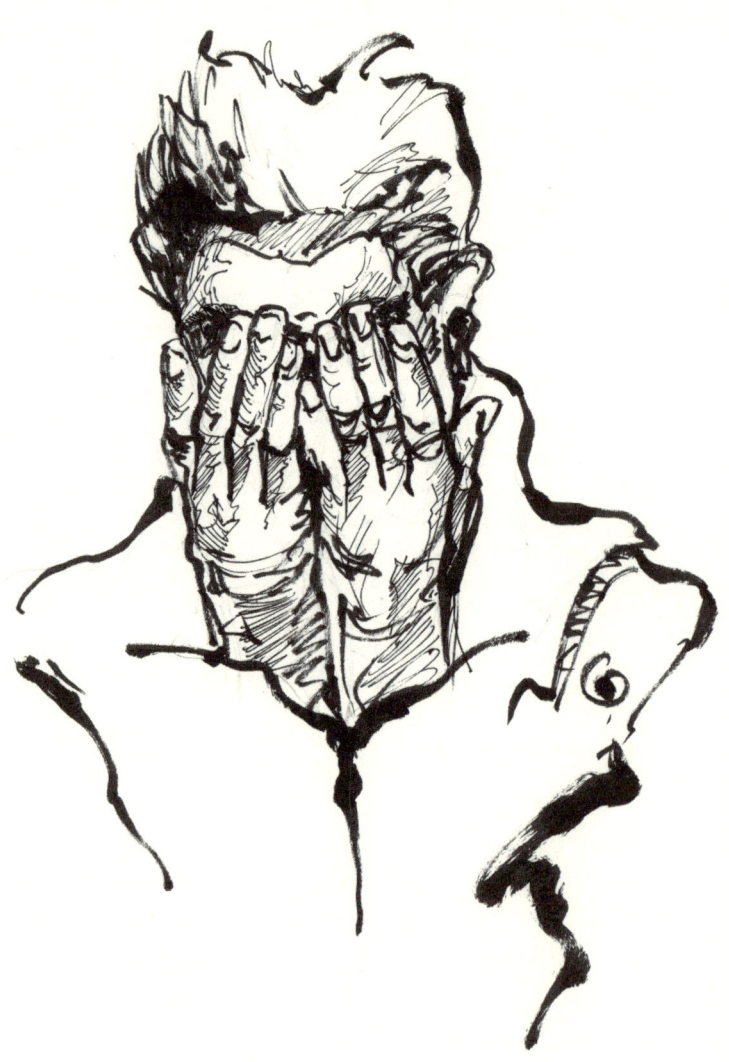

reift nach, mühsam genug, zu einer starken *und* weichen Männlichkeit. Denn es ist so, wie die amerikanische Schriftstellerin Anaïs Nin (1903 – 1977) in: *Frauen verändern die Welt* (1968, S. 207) erkennt: „Der Mann hat auch die Rollen gehasst, die ihm aufgedrängt worden sind, und es ist absurd zu sagen, ein Mann darf nicht weinen, sonst ist er kein Mann. Männer sind genauso reglementiert, programmiert und in einengende Rollen gedrängt worden wie die Frauen.“

Kommen wir zu den Männern, die meinen Fragebogen mit existenziellem Ernst beantworteten.

Eine einzige Katastrophe sieht Bruno in seinem Vater. Er hat keinen emotionalen Kontakt zu ihm und würde ihm nie etwas Intimes anvertrauen. Er denkt an seine Kindheit „mit gemischten Gefühlen“ zurück. Als Schlüsselkind nahm er sich seine Freiheit, andererseits durfte er nie mit Freunden zelten oder etwas abends unternehmen: „An ein schönes Erlebnis in meiner Kindheit mit meinem Vater kann ich mich nicht erinnern, was mich bitter stimmt. Mein Vater hat nie mit mir gespielt oder ist mit mir zum Fußballplatz gegangen, um mir beim Spielen zuzuschauen. Das nur als Beispiel.“ Er würde seinem Vater „eine sehr schlechte Note“ geben. Vom

Vater hat er, wie er schreibt, nicht nur nichts mitbekommen, sondern dessen negative Eigenschaften zum Teil gegenüber den eigenen Kindern praktiziert. Bruno: „Bei meinem Vater imponiert mir überhaupt nichts. Immer habe ich mich bei ihm nach Zuneigung und Anerkennung gesehnt."

Bruno bezeichnet seinen Vater als „stur, uneinsichtig, engstirnig, sehr ungebildet, asexuell, nüchtern und verschlossen". Gespräche über Gefühle und Vergangenes lehne er kategorisch ab. Bruno ist voller Bitterkeit. Er will seinem Vater, weil er so uneinsichtig ist, auch nicht verzeihen. Als existenziellen Satz möchte er ihm zurufen: „Lass bei dir die Gefühle zu und zeige sie auch!"

Väter lösen bei Söhnen oft Unbehaglichkeit aus. Rudolf: „In Gegenwart meines Vaters war ich immer sehr angespannt und hatte Angst, etwas falsch zu machen." Hatte Rudolf Probleme, verwies der Vater ihn an die Mutter. Rudolf denkt an die Zeit mit seinem Vater „eher mit tiefer Enttäuschung". Das schlimmste Erlebnis war seine Alkoholkrankheit, die immer schlimmer wurde. An seinem Vater imponiert ihm, wie er meint, „nichts!". Andererseits rühmt er des Vaters „handwerkliches Geschick", das er ihm auf den Weg mitgegeben hat. Seiner Vater-

Sohn-Beziehung gibt er die Note „ungenügend".
Die Alkoholkrankheit des Vaters traumatisierte den
Jungen: „Meine Eltern haben sich scheiden lassen,
als ich vierzehn Jahre alt war, und es war für mich
die Hölle, da zu diesem Zeitpunkt auch meine Mutter dem Alkohol mehr und mehr verfiel."

Seit 1980 hat der solcherart geschädigte Sohn keinen
Kontakt mehr mit seinem Vater: „Ich weiß nicht, ob
er mittlerweile verstorben ist oder noch lebt. Aber
eine gewisse Traurigkeit kommt hin und wieder
hoch, da ich annehme, dass er mittlerweile gestorben ist."

Im Gegensatz zu Bruno hat Rudolf dem Vater verziehen, „da ich gelernt habe, warum er so gehandelt
hat, wie er gehandelt hat. Geholfen hat mir da eine
Therapie." Der Vater sei verschlossen und gefühls-
kalt gewesen. Deshalb sei ihm dessen seelischer
Werdegang in der Ursprungsfamilie unbekannt.
Wie alle Männer sehnt sich Rudolf vergeblich nach
dem Ruf *vivat, er soll leben* aus dem Mund des Vaters:
„Toll, dass du da bist! Toll, dass es dich gibt! Ich hab
dich lieb!" Er möchte seinem Vater den Satz nachru-
fen: „Du bist ein Vollidiot! Kinder in die Welt setzen
kannst du, aber Verantwortung dafür übernehmen,
dazu bist du nicht in der Lage!!"

Da ist Eugen. Sein Vater war, wie er schreibt, ein „Loser". Er schaffte die Schule nicht, arbeitete als Lagerarbeiter, trank zu viel und hockte Abend für Abend rauchend vor dem Fernseher: „Gegen Mitternacht hatte er fünfundzwanzig Zigaretten, genau immer fünfundzwanzig, geraucht und stieg schwankend ins Bett. Obwohl er schwerer Asthmatiker war, ließ er sich von seinem Hausarzt das Kettenrauchen nicht ausreden." Eugen: „Heute weiß ich, Vater litt unter immer wiederkehrenden Depressionen. Er steckte voll sozialem Neid, Minderwertigkeitskomplexen und Hass auf die ‚Karrieristen', wie er die Erfolgreichen und Lebensgenießer abkanzelte." Nach seinem Tod, als Eugen elf Jahre alt war, heiratete die Mutter einen ebenfalls depressiven, aber zwanghaften und lebensabgewandten Mann. Eugen: „Ich geriet vom Regen in die Traufe. Mein Stiefvater war wie ein Quasar in der Astronomie. Er schluckte gleichsam alles Licht und verbreitete Düsterkeit um sich. Von diesen beiden Vatermännern habe ich eine lähmende Portion Pessimismus mitbekommen und befreie mich jetzt erst langsam von dieser schweren Hypothek."

Eugens Stiefvater war wohl in seiner humorlosen Rechtschaffenheit und Lebensfeindlichkeit ein Charakter, der mir in den Berichten der Söhne wiederholt als Schreckgespenst entgegentritt. Die Schriftstellerin Luise Rinser (1911 – 2002) hat diesen Phänotyp unter der Überschrift *Ich wäre so gerne Vaters liebes Kind gewesen* beschrieben: „Er war ein Nekrophiler. Auf ihn trifft alles zu, was Erich Fromm über Nekrophilie sagt: Unlust am Leben, Pessimismus, übertriebener Hang zur Ordnung, unbeugsame Wahrheitsliebe, Charakterfestigkeit bis zum Starrsinn, eiserne Pflichttreue, Konservativismus ... Auch der neidische Blick auf die Biophilen, die leichteren Sinnes das Leben in vollen Zügen leben." Wen wundert es, dass Eugen den beiden Vätern in seinem Leben die Note „ungenügend" gibt.

„Ziemlich erschrocken" war Stefan, „als ich mir die Fragen durchlas und mir doch sehr bewusst wurde, wie schlecht das Verhältnis zu meinem Vater ist und auch immer war. Es ist auch zu befürchten, dass dies so bleiben wird. Ich denke, mein Vater hat einfach keinen Zugang zu mir gefunden oder ich nicht zu ihm oder wir beide nicht zueinander. Wahrscheinlich habe ich seine Erwartungen an mich nicht erfüllt beziehungsweise nicht erfüllen können." Und: „Ich habe viele Therapiestunden absolviert und lange gebraucht, bis ich nicht mehr die ‚Schuld' für mein ‚Missratensein' bei mir gesucht habe."

Stefan konzentriert sich jetzt auf seine Frau, die beiden Söhne und das erste Enkelkind. Er kann sich an kein besonders schönes Erlebnis mit seinem Vater erinnern. Als bitter empfand er immer, „dass mir andere Kinder vorgehalten wurden, die irgendetwas besser konnten, in irgendetwas besser waren." Obwohl er seinem Vater die Note „ungenügend" gibt und ihn als gefühlskarg empfindet, hat er ihm verziehen: „Für mich! Ausgesprochen habe ich das nicht, weil ich mir sicher bin, dass er nicht versteht oder verstehen will, worum es geht. Geholfen haben mir ein längerer Klinikaufenthalt, viele Therapiestunden und deine Bücher."

Liebe ist Wissen. Weil viele Söhne, auch als Erwachsene, nicht nach der Kindheit und dem Werdegang ihres Vaters fragen, wissen und verstehen sie daher auch nichts. Weil sie nichts vom Vater verstehen, können sie ihm auch seine Eigenart, sein bestimmtes historisches Seelenprofil nicht verzeihen und ihn schon gar nicht wertschätzen.

Das ist bei Stefan anders. Er gab mir ein genaues, um Verständnis bemühtes Psychogramm seines Vaters: „Mein Vater ist 1936 geboren und lebte auf einem Bauernhof in einem kleinen Dorf mit acht weiteren Geschwistern. Er musste früh anfangen zu arbeiten, durfte aber keinen Beruf erlernen, was ihm vermutlich immer zu schaffen machte. Aus dem, was er erzählt hat und wie ich meinen Großvater kannte, kann ich mir nicht vorstellen, dass er eine besonders schöne Kindheit oder schöne Erlebnisse mit seinem Vater hatte. Die Tatsache, dass er keinen Beruf erlernen durfte, während alle seine Brüder einen Beruf hatten, war für ihn anscheinend besonders schlimm. Dies hat ihn und sein Selbstwertgefühl sehr belastet, glaube ich. Auch meiner Mutter gegenüber schien mir diese Tatsache problematisch zu sein, da sie ihren Bruder, der eine Fabrik aufgebaut hat, fast vergöttert hat. Ich glaube, obwohl er vieles konnte, war das nicht einfach für ihn."

Erich hat seinen Vater vor siebzehn Jahren verloren: „Ich erinnere mich, dass ich in seinem Beisein eher verspannt und unruhig war. In seinem Lied ‚Warum ist nur ein Schweigen zwischen Vater und Sohn' singt Udo Jürgens: ‚Wenn du mit mir sprachst, kam ich mir vor, wie vor Gericht.' Das drückt die Situation sehr treffend aus." Seinem Vater gibt er die Note „Ungenügend": „Ich fühlte mich als Kind oft schlecht in seiner Gegenwart. Schlecht im Sinne von schuldig, fehlerhaft, wertlos. Er war so übergroß und fern und perfekt."

Ein besonderes Kindheitserlebnis war dies: „Nach drei Jahren Internatsaufenthalt konnte ich als Dreizehnjähriger endlich wieder nach Hause und wieder mit meinen Freunden Verbindung aufnehmen. Und auch mit meiner geliebten Reni. Wir waren schon als Kleinkinder ineinander verliebt. Und nun endlich, am Kirmessamstag, standen wir zusammen und waren uns fröhlich am unterhalten. Dabei hatte ich Raum und Zeit vergessen und auch, dass es bereits neunzehn Uhr war und ich schon zu Hause sein sollte. Da kam mein Vater mit seinem Auto angeprescht, sprang aus dem Wagen und gab mir direkt vor Reni eine schallende und demütigende Ohrfeige, dass ich dachte, er haut mir den Kopf vom Hals. Gleichzeitig beschimpfte er mich, ich solle sofort nach Hause kommen. Ich rannte wütend und weinend heim. Ich fühlte mich so gedemütigt vor meiner Freundin. Reni und ich haben nie zusammengefunden."

Natürlich gab es auch, wie bei den meisten Söhnen, ein besonders schönes Erlebnis. Aber selbst das wirft in seiner seltenen Sonnigkeit einen Schatten auf den Alltag. Erich: „Ich erinnere mich daran, dass ich als kleiner Junge einmal krank war, es war wohl Fieber. Ich lag im Wohnzimmer auf dem Sofa, als er abends von der Arbeit heimkam. Mutter hatte ihm von mir erzählt. Dann kam er zur Wohnzimmertür herein und sagte ‚Männlein' zu mir. Ich erinnere mich nicht daran, dass er näher zu mir gekommen ist, aber allein dass er mitfühlend ‚Männlein' zu mir sagte, blieb mir in wärmender Erinnerung. Wenn so eine kleine Begebenheit mir so deutlich im Gedächtnis blieb, aber gleichzeitig das wohl einzige gefühlvolle Verhalten meines Vaters mir gegenüber war, dann wird mir mit Schmerz und Wehmut die emotionale Kargheit dieser Vater-Sohn-Beziehung, der Mangel an Behütet- und Geborgensein, bewusst."

Dieser Vater hat seinen Sohn nie geknuddelt. Er schaute vielmehr teilnahmslos zu, wenn die rabiate Alkoholikermutter den kleinen Jungen fast täglich schlug, so dass ihm öfters das Blut aus der Nase rann. Nie sagte ihm sein Vater, dass er ihn lieb habe. Der tiefere Grund für diese Lieblosigkeit, ja Abneigung, wurde Erich erst später deutlich: „Ich weiß von der Schwester meines Vaters, dass er viele Jahre oder vielleicht nie wusste, ob ich überhaupt sein Sohn bin. Meine Mutter hatte damals wohl eine Außenbeziehung, und dass ich just zu diesem Zeitpunkt gezeugt wurde, war für sie wohl Grund genug, fortan für alles, was geschah, mir die Schuld zu übertragen. Mein Vater hat das nie so ausgedrückt, aber unterschwellig lief das Programm wohl auch bei ihm, dass er mir die Schuld gab. Obwohl er es hätte wissen müssen, dass ich sein Sohn bin: Es gibt ein Foto seines Vaters in Wehrmachtsuniform. Als ich dieses Foto zum ersten Mal sah, glaubte ich tatsächlich, da hätte sich jemand einen Scherz erlaubt und von mir eine Fotomontage gemacht, so ähnlich sah ich als junger Mann seinem Vater!"

„Ich fühlte mich mein ganzes Leben schuldig. Selbst heute noch", bekennt Erich. „Ich würde ihm so gern sagen, wie schlimm das alles für mich war, diese ständigen Prügel, Beschimpfungen und Demütigungen von meiner Mutter. Er wusste von alldem. Und dass er nicht eingeschritten ist, sondern nur durch Abwesenheit geglänzt hat. Und dass er meiner Verschickung in ein Klosterinternat zugestimmt hat. Damit wollte lediglich eine Großtante ihre Nazivergangenheit gutmachen – indem der kleine Erich durch sie zum Priester würde."

Später haben sich die Eltern getrennt. Beide sind heute tot. Der Vater ist an Lungenkrebs gestorben. Heute würde Erich ihn gerne um Verzeihung bitten, dass er sich um ihn nicht gekümmert hat, als seine zweite Frau, respektive Lebensgefährtin starb: „Mir fehlte zu dieser Zeit das Einfühlungsvermögen. Nicht nur, dass ich gerade mit meinem Hausbau begonnen hatte, den ich größtenteils in Eigenbau ausführte, und dass ich auch mit Beruf und Familie völlig überlastet war, sondern vor allem: Ich hatte meine Kindheit nur einigermaßen überstehen können, indem ich Gefühle möglichst unterdrückte, ausblendete. So konnte ich aber auch die Gefühle und den Schmerz an anderen kaum wahrnehmen und mich auch nicht in andere hineinversetzen."

Inzwischen lernt Erich, sich aus diesem Gefängnis seiner Selbst zu befreien. Wie kann man denn mit einer solchen Prägung von Schuld- und Hassgefühlen verzeihen, fragt er sich und antwortet mit einer gehirnphysiologischen und verhaltenstherapeutischen Gedankenführung: „So wie ein Elefant, der ganze Bäume ausreißen und wegtragen kann, nicht von einem etwa ein Meter langen Holzpflock weglaufen kann, an den er angebunden ist, weil er als kleines Elefantenbaby immer wieder daran angebunden wurde und gelernt hat: Hier kommst du nicht weg. So habe auch ich die Begrenzungen durch ständige Wiederholungen und unter starken emotionalen Einprägungen neuronal eingeprägt und verinnerlicht bekommen. Und sie dann, wie eine ständig ablaufende CD, in Form von sich unaufhörlich wiederholenden Gedanken und damit verbundenen Gefühlen immer wieder unbewusst abgespielt ... Ich habe den Eindruck, selbst wenn mein Vater jetzt hier bei mir erscheinen würde und er mir alle Schuld abnehmen wollte und mir sagen würde: ‚Ich liebe dich, Erich', wäre das zwar eine Erleichterung, aber die eigentliche Arbeit, der liebevolle und achtsame Umgang mit mir selbst, ohne Kritik und Verurteilung, die müsste ich dennoch immer wieder tun. So lange, bis die alten Trampelpfade im Gehirn zugewachsen sind, die alten neuronalen Verschaltungen sich durch Nichtwiederinanspruchnahme aufgelöst haben, bis die neuen liebevollen und achtsamen Verhaltensweisen im Gehirn zu neuen neuronalen Verschaltungen und damit Gewohnheiten geworden sind. Nur ich kann mich selbst erlösen. Ich brauche das Leid so lange, bis ich es nicht mehr brauche."

Lieber Leser, großartige Erkenntnisse über die Neuroplastizität des Gehirns und die Formbarkeit des Willens finden sich in den spannend zu lesenden Büchern von Gehirnforschern wie Joe Dispenza, Gerald Hüther, Manfred Spitzer u. a.

Zurück zu Erich. Ich finde es mutig und beeindruckend ernsthaft, wie er sich in der Therapie seiner Vater- und Mutterwürde gestellt hat. Er durchlitt dabei Trauer und entdeckte seine Wut über die Misshandlung des kleinen Erich. Martin Walser sagt einmal in seinem Roman *Das dreizehnte Kapitel* (2012):

„die meisten leiden ohne Gewinn" – weil sie das Leid, das ihnen zugefügt wurde, nicht reflektierten. Erich hat seine Tragödie durchgearbeitet – und sich geheilt.

Die Wunde der Ungeliebten schmerzt oft ein Leben lang in diesen vaterenttäuschten Söhnen. Andreas Altmann, den ich eingangs zitierte, war ein Kind der Nachkriegszeit, aufgewachsen im idyllischen Wallfahrtsort Altötting. Man denkt bei diesem altbayrischen Ort sofort an kunstvoll geschnitzte Kruzifixe, Marienskulpturen und Rosenkränze mit Holzperlen. Tatsächlich verdiente der Vater sein Vermögen als Devotionalienkaufmann.

Andreas Altmann gewährt einen Einblick in die andere Seite der frommen Fassade, ein familiäres Inferno: Auf einen Vater, der als psychisches Wrack aus dem Krieg kommt und den Sohn bis zur Bewusstlosigkeit prügelt, auf eine Mutter, die sich in psychische Krankheiten flüchtet, und auf einen Sohn, der fassungslos die väterlichen Hass- und Prügelorgien erduldet. Als er einmal die Briefmarken aus väterlichem Besitz verschleudert, um sich eine Gitarre zu finanzieren, zelebriert der Sadist dem Knaben sein Jüngstes Gericht: „Voll strafender Gewalt, psychischen Terrors, permanenter Verhöre, religiösen Irrwitzes und ätzenden Hasses ... Was er früher als begeisterter Tennisspieler gelernt hatte, kam ihm jetzt – auf ganz anderem Gebiet – bravourös zustatten. Aufschlag auf meiner rechten Gesichtshälfte. Dann eine gepflegte Rückhand auf die linke Seite, Aufschlag, Rückhand, Aufschlag, Rückhand, Aufschlag, Rückhand. Ich schloss die Augen und spürte irgendwann seinen Ring ... ,Knie nieder!' Ich kniete nieder. Das erste Mal vor ihm. ,Hose runter!' Ich zog die Hose und Unterhose so weit herunter, bis mein Hintern zum Vorschein kam. Und auch das zum ersten Mal. Aber der Stock in seiner Hand ließ mir keine andere Wahl. Als die Haut zu glühen anfing, beugte sich der Oberkörper nach vorne, um ihn auf dem Schreibtischstuhl abzustützen, die Hände in dessen Beine verkrallt. Wer war ich jetzt? Sein Sohn, der Briefmarkendieb? Sein russischer Kriegsgefangener? Sein Pole? Sein Jude? Sein Zorn auf alles, was er falsch gemacht hatte in seinem Leben?" Und: „Vater hatte von Anfang an ein Prinzip eingeführt, an das er sich bis zum Tag meiner Flucht halten würde: Mit dem Stock schlug er so lange auf mein Gesäß ein, bis er zerbrach. Hatte ich Glück, dann musste er nach zehn, zwölf Schlägen aufhören. War das Holz von besserer Qualität, wie jetzt, dann machte er weiter."

Die Vaterwunde brennt im Falle des Schriftstellers Andreas Altmann über den Tod hinaus: „Als es an einem Donnerstag im Juli tatsächlich vorbei war, um 15.45 Uhr, stand keiner von uns am Totenbett, um ihm beim Sterben zu helfen. Keiner weit und breit, keine Schwester, kein Bruder, keine Frau, kein Freund, keine Tochter, kein Sohn. Wir hatten längst die Flucht angetreten oder waren von ihm in die Flucht geschlagen worden. Bisweilen beides. Unser Bedarf an ihm schien gedeckt. Noch als Todkranker hätte er uns den Krieg erklärt."

Schmerz heißt jedoch nicht Trauerlosigkeit. Andreas Altmann beschreibt es eindrücklich: „Jetzt passierte das Seltsamste. Ich setzte mich vor Vaters Sarg und fing zu heulen an. Ganz unkontrolliert, in Strömen, mit Wissen um die Schmerzen, die wir uns gegenseitig zugefügt hatten, überwältigt von meinem Hass auf einen, der nicht lieben konnte, überwältigt von dem brachial missratenen Leben, das wir so viele Jahre geteilt hatten, überwältigt von unserer Ausweglosigkeit, überwältigt von dem Wissen, dass nichts mehr gutzumachen war: Wir hatten alles versäumt, was ein Vater und sein Sohn versäumen konnten. Und ich würde den Rest meines Lebens mit meiner Unversöhnlichkeit leben müssen, die selbst bei der Ankündigung seines Todeskampfes nicht zur Nachsicht bereit gewesen war, nicht gütig sein wollte. Wie einsam musste es gewesen sein, das herzkranke, das gefühlskranke, das geisteskranke Arschloch Franz Xaver Altmann? Wellen von Scham und Mitgefühl, Scham und Groll, Scham und Widersinnigkeit zogen durch meinen Körper, der zitterte und bebte wie ein Kinderkörper, der sich nicht mehr dagegen wehren konnte, der nur noch aushalten musste, was in ihm tobte und barst. Zwei Stunden später war ich leergelaufen und saß wie ein verlorengegangener Hund auf dem Steinboden. Ich bewegte mich nicht, wartete wie ein Straßenköter, der nicht wusste, wohin. Still war es jetzt, mein Vater in seinem Sarg, das tote Gesicht Richtung Decke, und ich, sein Sohn, den Rücken an die Mauer gelehnt, den Sliwowitz in Reichweite. Kein Licht brannte, nur die mitgebrachte Kerze. Ich rauchte. So oft hatte ich ihm den Tod an den Hals gewünscht. Und jetzt war der eine, den ich für unsterblich hielt, nur noch eine Leiche. Stumm, ja friedlich."

Vater-Sohn-Beziehungen sind nicht selten auch grausam psychopathischer Natur. Fjodor M. Dostojewskij sagt einmal (in: *Die Brüder Karamasow*): „Man spricht von der ,tierischen' Grausamkeit des Menschen. Aber das ist sehr ungerecht und für die Tiere wirklich beleidigend: Ein Tier kann niemals so grausam sein wie der Mensch, so ausgeklügelt, so kunstvoll grausam." In der älteren und jüngeren Geistesgeschichte gibt es zahllose Beispiele dafür. Friedrich Wilhelm I. trieb den Konflikt mit seinem Sohn, dem preußischen Kronprinzen Friedrich, auf einen blutigen Höhepunkt: Er ließ Katte, den innig geliebten Freund des Sohnes, wegen geplanter Flucht vor dessen Augen hinrichten. Der dänische Theologe und Philosoph Sören Kierkegaard (1813 – 1855) berichtet über die „entsetzlichen" Erinnerungen an sein „Verhältnis zum Vater", der sein Leben kommandierte: „Seit meiner frühesten Kindheit hat ein Pfeil des Kummers in meinem Herzen gesessen."

Der Dramatiker Friedrich Hebbel (1813 – 1863) notierte in seinen Tagebüchern: „Es gibt keinen ärgeren Tyrannen als den gemeinen Mann im häuslichen Kreise." Er lobt seine Mutter, dass sie „mich fort und fort gegen die Anfeindungen meines Vaters, der ... in mir stets ein missratenes, unbrauchbares, wohl gar böswilliges Geschöpf erblickte, mit Eifer in Schutz nahm." Und: „Wie war nicht meine Kindheit finster und öde! Mein Vater hasste mich eigentlich, auch ich konnte ihn nicht lieben ... Er ... hasste aber auch die *Freude*; zu seinem Herzen war ihr durch Disteln und Dornen der Zugang versperrt, noch konnte er sie auch auf den Gesichtern seiner Kinder ausstehen ... Die *Armut* hatte die Stelle seiner *Seele* eingenommen."

Berühmt geworden sind das Leiden und die Wut der Söhne Franz Kafka und Hermann Hesse gegenüber ihren Vätern. Franz Kafka (1883 – 1924) schrieb seinen *Brief an den Vater* nicht als literarische Fiktion, sondern als eine Art Selbsttherapie. Der Vater, ein zum Millionär avancierter Geschäftsmann, hatte für den „lebensuntüchtigen", tuberkulösen und in Liebesdingen schwankenden Sohn kein Verständnis. Der Sohn hatte sich von klein auf nach Aufmunterung durch seinen mächtigen Vater gesehnt. Er schreibt ihm: „Ich war ja schon niedergedrückt durch Deine bloße Körperlichkeit. Ich erinnere mich zum Beispiel daran, wie wir uns öfters zusammen in einer Kabine auszogen. Ich mager, schwach, schmal, Du stark, groß, breit. Schon in der Kabine kam ich mir jämmerlich vor und zwar nicht nur vor Dir, sondern vor der ganzen Welt, Du warst für mich das Maß aller Dinge. Traten wir dann aber aus der Kabine vor die Leute hinaus, ich an Deiner Hand, ein kleines Gerippe, unsicher, bloßfüßig auf den Planken, Angst vor dem Wasser, unfähig, Deine Schwimmbewegungen nachzuahmen, die Du mir in guter Absicht, aber tatsächlich zu meiner tiefen Beschämung immerfort vormachtest, war ich sehr verzweifelt."

Die ununterbrochenen Demütigungen ließen den Sohn verstummen: „Du hast mir aber schon früh das Wort verboten, Deine Drohung: ‚Kein Wort der Widerrede!' und die dazu erhobene Hand begleiteten mich schon seit jeher. Ich bekam vor Dir ... eine stockende, stotternde Art des Sprechens ... Wenn ich etwas zu tun anfing, was Dir nicht gefiel, und Du drohtest mir mit dem Misserfolg, so war die Ehrfurcht vor Deiner Meinung so groß, dass damit der Misserfolg, wenn auch vielleicht erst für eine spätere Zeit, unaufhaltsam war. Ich verlor das Vertrauen zu eigenem Tun."

Die Vater-Wunde mutierte bei Franz Kafka zur Körperwunde: „Aber da ich keines Dinges sicher war, ... wurde mir natürlich auch das Nächste, der eigene Körper, unsicher; ich wuchs lang in die Höhe, wusste damit aber nichts anzufangen, die Last war zu schwer, der Rücken wurde krumm; ich wagte mich kaum zu bewegen oder gar zu turnen, ich blieb schwach; staunte alles, worüber ich noch verfügte, als Wunder an, etwa meine gute Verdauung; das genügte, um sie zu verlieren, damit war der Weg zu aller Hypochondrie frei, bis dann unter der übermenschlichen Anstrengung des Heiraten-Wollens ... das Blut aus der Lunge kam."

Der junge Hermann Hesse (1877–1962) kommt mit dem pietistischen, rigoros frömmelnden Vater nicht zurecht, und dieser nicht mit der freischwebend poetischen Geistigkeit seines vermeintlich lebensuntauglichen Sohnes. Er steckt den Sohn in die Enge des Klosters Maulbronn, einer staatlichen Zuchtanstalt. Dort bricht Hermann aus, besorgt sich einen Revolver und droht sich umzubringen. Daraufhin verbannt ihn der Vater in eine Heilanstalt. Mit der Kühnheit der Verzweiflung schreibt ihm der fünfzehnjährige Hermann: „Im Übrigen bin ich zwischen den vier Mauern mein *Herr, ich gehorche nicht und werde nicht gehorchen* … Überhaupt suche ich hier möglichst kalt und kategorisch die Verhältnisse zu schildern. Und jetzt frage ich, nur als Mensch (denn ich erlaube mir, gegen Euren Willen und meine fünfzehn Jahre eine Ansicht zu haben): Ist es recht, einen jungen Menschen, der außer einer kleinen Schwäche der Nerven so ziemlich ganz gesund ist, in eine ‚Heilanstalt für Schwachsinnige und Epileptische' zu bringen, ihm gewaltsam den Glauben an Liebe und Gerechtigkeit und damit an einen Gott zu rauben? Wisst Ihr, dass ich, als ich das erste Mal von Stetten kam, wieder leben und ringen wollte, und dass ich jetzt, so ziemlich geheilt, innerlich kränker bin als je? Wäre es nicht besser, ein solcher würde mit einem Mühlstein um den Hals ins Meer versenkt, da es am tiefsten ist?" Er greift die verständnislosen pietistischen Eltern mit dem Satz an: „Ihr seid Christen und ich – nur ein Mensch."

Das ist alttestamentarische Härte im Namen des Vaters. Allein im Matthäus-Evangelium legt der Autor, wie ich einmal nachgezählt habe, vierundzwanzig Mal Jesus die Vatersanktion der Hölle in den Mund. Auch Lukas lässt (12,5) seinen Jesus drohen: „Ich will Euch sagen, wen Ihr fürchten sollt. Fürchtet den, der die Gewalt hat. Der nicht nur töten kann, sondern auch in die Hölle werfen. Ja, ich sage Euch, den müsst Ihr fürchten."

Viele Männer meiner Generation (ich selbst hatte glücklicherweise politisch untadelige Hitler-Gegner als Eltern) hatten, besonders im Aufbruch der 68er-Jahre, eine *politische* Vaterwunde anzugehen. Besonders schlimm war es bei den Söhnen (und Töchtern) der Naziverbrecher. Richard von Schirach musste bis 1966 warten, als sein Vater aus dem Spandauer Kriegsgefängnis entlassen wurde. Baldur von Schirach war Reichsleiter der Hitlerjugend und seit 1940 „Gauleiter und Reichsstatthalter" in Wien. Er war dort für die Ausrottung der jüdischen Frauen, Männer und Kinder verantwortlich. Die wöchentlichen Briefe aus dem Gefängnis zogen, wie der Sohn in seinem Bericht *Der Schatten meines Vaters* (2011, S. 241) schildert, „ein magisches Band, das einzige, das uns als Familie über so viele Jahre zusammenhielt. Es war eine Vaterbeziehung, die nur auf Briefen und spärlichen Besuchen beruhte, die, wenn es hoch kam, sechzig Minuten in einem Jahr ausmachten ... Meine Geschwister und ich waren von diesen Briefen abhängig und nannten sie ‚Vaterspeise'. Mit dem Entrückten, Einsamen sich gut zu stehen und sich aufgehoben zu fühlen, überstieg alles. Und wir fühlten, dass er uns noch viel mehr brauchte als wir ihn, ja, dass wir für ihn, der alles, selbst seinen Namen, verloren hatte, das Einzige waren, das ihm geblieben war und ihn am Leben hielt."

Das war einerseits schön. Denn, „welches Kind bekommt schon jede Woche einen Brief seines Vaters, der bemüht ist, den Unsicheren, Niedergeschlagenen zu beruhigen und ihn aufzumuntern, ihm Trost zu spenden? (S. 245)". Aber als der Vater leibhaftig zurückkehrte, brachen die Fragen des Sohnes auf: „Wo lag der Ursprung der antisemitischen Reden, zu denen sich mein Vater in Wien hatte hinreißen lassen? Unfassbar und fremd hatten diese Worte auf uns Kinder gewirkt, als wir sie später gedruckt vor uns sahen. Das war nicht der vulgäre Antisemitismus ‚von unten', wie er sich jahrhundertelang nicht ohne die Mitschuld der Kirche, welche die Juden als ‚Christusmörder' und ‚Hostienschänder' verleumdet hatte, in Pogromwellen entladen hatte. Wie ließ sich die Genealogie des Antisemitismus im Elternhaus meines Vaters erklären? Wie konnte mein Vater es 1945 als kulturelle Tat bezeichnen, dass Wien judenfrei sei? Diese Frage sollte mich immer wieder einholen." Schließlich: „Mir fiel damals nicht auf, dass – vielleicht in einem unbewussten Erziehungsbemühen – alle Bücher, die ich ihm nahezubringen versuchte oder schenkte, sei es Adornos *Musikästhetik*, Blochs *Spuren*, Stefan Zweigs *Die Welt von gestern*, in der Zweig meine Großmutter kurz beschrieb, oder Werfels *Die vierzig Tage des Musa Dagh* von Autoren stammten, die in ‚seinem' Wien keine Existenzchance gehabt hätten."

Da ist schließlich Thomas Harlan, der Filmer, Dramatiker und Buchautor. Er ist der Sohn von Veit Harlan, dem Regisseur des nationalsozialistischen Pogromfilms *Jud Süß*. Sein expressives Bekenntnisbuch *Veit* (2011, S. 92 f.) ist eine Liebeserklärung und eine Verdammung zugleich. Der 2010 verstorbene Sohn schreit, gleichsam dem Ersticken nahe: „Geh fort aus Deiner Unwahrheit, in der Du Dich verschanzt hast. Geh aus der Unwahrheit fort in die Wahrheit, die Du kennst. Geh auf die Wahrheit zu, um die ich Dich bitte ... Verzeih, dass ich Dich vergessen habe, dass ich Dir meine Treue entzog und meine Sohnesliebe, dass ich an Dir entlangging, als wärst Du eine Landschaft, ein Abgrund, als hätte ich verhüten wollen, in ihn zu stürzen, in Dir umzukommen. Ich bin in Dir umgekommen. Ich habe verhütet, gerettet zu werden. Ich wurde nicht gerettet. Ich habe Dich getragen wie eine Verantwortung. Ich will Dich tragen, ich will Dich bis ans Ende der Jahre tragen wie eine Schuld."

Durch die Jahrtausende brennt die Vaterwunde. „Die dunklen Nachrichten, die in Mythologie und Sage aus der Urzeit der menschlichen Gesellschaft auf uns gekommen sind", schrieb Freud, „geben von der Machtfülle des Vaters und von der Rücksichtslosigkeit, mit der sie gebraucht wurde, eine unerfreuliche Vorstellung".

Vaterverwundete fühlen sich, auch wenn sie ihre Sohnesgeschichte aufgearbeitet haben, gleichsam als Amputierte. Der Schriftsteller Andreas Altmann formuliert diese Krankengeschichte mit lakonischem Realismus: „Kein Kind wird je fassen, dass es sich ohne Liebe zurechtfinden muss. Es kommt mit der unbedingten Gewissheit auf die Welt, geliebt zu werden. So wie Luft zum Atmen bereit steht, so die

Liebe. Dachte es, nein, fühlte es. Im Laufe der Jahre wird dem Menschen jedoch bewusst, dass jenes Grundnahrungsmittel nicht vorrätig war. Nicht für ihn. Und natürlich versteht er nicht, wie es dazu kommen konnte: dass die einen geliebt wurden und die anderen nicht."

Was geschieht dann? Andreas Altmann räsoniert illusionslos: „Verfügt jener, der leer ausging, über genug Nerven, wird er die Hintergründe aufspüren, warum seine Eltern ihn nicht liebten, nicht lieben konnten. Das macht ihn klüger, wird aber die Erfahrung des Verlustes nicht wegmachen. Keine Erfahrung, nirgendwo, wird das. Der Zukurzgekommene ist gezeichnet, für den Rest seines Lebens. Wie ein in sein Herz vergrabenes Stigma, vollkommen unsichtbar für die Welt, wird es ihn für den Rest seiner Tage begleiten. Wie keinem ein fehlender Arm nachwächst, so wiederfährt ihm niemals nachträglich das selige Bewusstsein: ‚Ich wurde geliebt'." Und: „Vater lebte mit dem falschen Beruf zur falschen Zeit am falschen Ort, mit der Arschkarte in beiden Händen. Ich kam vierundvierzig Jahre später auf die Welt. Und kam davon. . . . Natürlich wache ich bisweilen nachts auf und heule. Über das grauenhaft verpfuschte Leben der beiden. Die nicht davonkamen. Trotzdem, ich denke nicht ungern an das Paar. Wie

Schutzpatrone trage ich sie mit mir herum, wie rast-los blinkende Warnschilder: auf dass ich nie ende wie sie. Gewiss kommen auch noch andere Gelegen-heiten, da heule ich nur noch um mich. Meist in dunklen Kinos, in denen eine Geschichte von einem Vater und seinem Sohn erzählt wird. Da ist dann kein Halten mehr, kein Schamgefühl, da bin ich zwei Stunden lang bloß noch die arme Sau, der das Herz zerspringt. Vor Sehnsucht nach einem wie dem Lein-wandhelden, der seinen Sohn umarmt und ihn behü-tet."

Entbehrung

Jede Vaterentbehrung stellt primär ein Trauma dar . . .
Die Art der Umweltbedingungen entscheidet darüber, wie
schwer dieses Trauma ausfällt, wie intensiv und nach-
haltig seine Folgeschäden sind, und schließlich, in welcher
Form es verarbeitet werden kann. Zum Vergleich: Eine
Grippe ist eine Grippe. Wie schnell sie ausheilt oder zu
welchen, zum Teil lebensgefährlichen Komplikationen sie
führen kann, hängt von einer Vielzahl von Faktoren ab,
wie Alter, allgemeiner Gesundheitszustand, Immun-
abwehr, körperlicher Schonung, Früherkennung und
Therapiemaßnahmen.

Horst Petri
Das Drama der Vaterentbehrung
2009, S. 74

Dass die *Mutterentbehrung* seelisch und körperlich lebensbedrohlich ist, das wissen wir alle. Kinder verkümmern körperlich und geistig, wenn die Mutter oder eine liebevolle Bezugsperson fehlt. Als sich nach dem Sturz Ceausesçus in Rumänien die Waisenhäuser öffneten, kauerten in den Gitterbetten verwahrloste und zum Teil schwachsinnige Kinder. Sie hatten kein Schmusen und Streicheln, keine

Koseworte und Lachen empfangen. Sie degenerierten, im klinischen Sinn, zu *Idioten*. Das Wort stammt vom altgriechischen Worte *idios, eigen*. Sie waren in ihrer eigenen Welt gefangen, sprachlos, kommunikationslos.

Die Mutterbindung ist das himmlische Manna am Lebensbeginn. Wenn sie fehlt, kann das Kind sogar sterben. In einem der schauerlichsten Kinderexperimente der Menschheitsgeschichte dokumentierte dies seinereit Kaiser Friedrich II. von Hohenstaufen (1220 – 1250), als er die Existenz einer Ursprache im Menschen nachzuweisen versuchte. Der Geschichtsschreiber Salimbene von Parma schildert das ungeheuerliche Geschehen wie folgt: „Deshalb befahl er den Ammen und Pflegerinnen, sie sollten den Kindern Milch geben, sie baden und waschen, aber in keiner Weise mit ihnen schöntun und zu ihnen sprechen. Er wollte nämlich erforschen, ob sie die hebräische Sprache sprächen, als älteste, oder Griechisch oder Latein oder Arabisch oder die Sprache ihrer Eltern." Was geschah: „Er mühte sich vergebens, weil die Kinder alle starben. Denn sie vermochten nicht zu leben ohne das Händepatschen oder das fröhliche Gesichterschneiden und die Koseworte ihrer Ammen."

Seit den Forschungen von John Bowlby, über die ich in meinem Buch *Bindungsangst. Die Strategie des Selbstboykotts* (2004) berichtet habe, wissen wir, dass Säuglinge über ein angeborenes aktives Bindungsverhalten verfügen und mit Anklammern, Freude, Lächeln, Saugen, Schreien und Weinen die Bindungsbereitschaft der Eltern stimulieren. In der so genannten Hospitalismusforschung belegten Psychologen und Ärzte wie Bowlbys Schülerin Mary Ainsworth, aber auch Anna Freud, Dorothy Burlingham, René Spitz und viele andere die enge Korrespondenz zwischen mütterlicher Fürsorge und der körperlich-geistigen Entwicklung des Kleinkindes. Allerdings erkannte die moderne Säuglingsforschung, im Gegensatz zu Bowlby, der einseitig die Mutterbindung thematisierte, die hohe, ja unersetzliche Bedeutung der *Vaterbindung* respektive der *Vaterentbehrung*. Die Embryologie belegt, dass bereits das ungeborene Kind mit dem Erwachen seiner Sinne auch mit seinem Vater kommuniziert.

Christiane Olivier konstatiert: „Im sechsten Monat nimmt das Kind seine Umgebung auf, die Familie dringt in seine Gefühlswelt vor und wird Teil von ihm … Wenn ein Vater seine Hände auf eine bestimmte Stelle des Mutterleibs legt und sein Kind ruft, bewegt es sich bereits im sechsten Monat, angeregt durch taktile und auditive Wahrnehmungen, zu der Stelle hin, an der er es erwartet. Zum ersten Mal entdeckte man 1980, dass auch der *Vater* der *pränatalen Welt seines Kindes angehören konnte*." Diese Entdeckung führte zur heute angewandten Technik, mit der man mit dem Fötus lange vor seiner Geburt kommunizieren kann: der „Haptonomie" (von altgriech. *háptomai, ich berühre*).

Der Fötus ist bereits fähig, die Stimme des Vaters zu hören und wiederzuerkennen. Der Säugling vermag, nach der Geburt, den Vater zu riechen und zu tasten. Olivier: „Die Haut des Vaters, die nicht dieselbe ist wie die einer Frau, seine flaumigen, behaarten Arme, sein rasiertes Gesicht, das ein bisschen kratzt, seine tiefe Stimme – all dies ist anders als bei der Mutter. So kann ein Vater im Leben und Tagesablauf des Kindes präsent sein, ins Unbewusste aufgenommen werden wie die Mutter, zu der Zeit, in der das Kind mit dem anderen verschmilzt, der sich mit ihm beschäftigt" (ebd., S. 75/78).

Das ist für Vater und Sohn gleichermaßen wichtig, weil folgenreich. Christiane Olivier nennt das Problem beim Namen (ebd. S. 116 f.): „Der Körper des Vaters ist für den Sohn ein Ort der Geborgenheit, selbst wenn viele Psychiater und Kinderärzte immer noch glauben, nur die Mutter könne ihrem Kind dieses Gefühl geben. Die Väter müssen mit ihren Söhnen den Körper wieder erobern, sie müssen die homosensuellen Beziehungen zu ihm erneuern, die seit Jahrhunderten zu Gunsten der Heterosensualität mit den Müttern verbunden war. Scheinbar gibt es keine Kommunikation unter Männern, weil die Männer nie gelernt haben, mit ihrem Vater zu kommunizieren, und sich darauf versteifen, von denen verstanden zu werden (und die zu verstehen), die so anders sind als sie: Frauen!"

Eben hier tritt das Dilemma ein, das der Berliner Kinder- und Jugendpsychiater Horst Petri mit dem programmatischen Titel seines erschütternden Standardwerkes *Das Drama der Vaterentbehrung* nennt. Er spricht von drei negativen Vaterkomplexen in der deutschen Geschichte: *Vaterlosigkeit, Vaterverlust, Vaterabwesenheit*. Zwar wäre es übertrieben, von einer „vaterlosen Gesellschaft" zu sprechen, besser wäre wohl der Betriff der *Vaterarmut*. Petri nennt drei Faktoren für diese Vaterarmut – den Ersten Weltkrieg, den Zweiten Weltkrieg, die Scheidungswelle. Petri (ebd. S. 160): „Der Erste Weltkrieg kostete Deutschland 1,8 Millionen, der Zweite 5,25 Millionen getötete Soldaten ... Bereits der Erste Weltkrieg hatte zu einer erschreckenden Dezimierung der damaligen Vatergeneration geführt und hinterließ Heerscharen vaterloser Kinder, von denen die Jungen bei Ausbruch des Zweiten Weltkrieges im ,kriegstauglichen' Mannesalter waren. Sie zogen in den Krieg, wurden wie ihre eigenen Väter getötet und hinterließen wieder eine, diesmal ungleich größere Masse vaterberaubter Kinder." Rund ein Viertel aller Kinder wuchs nach 1945 ohne Vater auf. Ich erinnere mich noch gut, wie tapfer ihre Mütter, die Kriegerwitwen, den Alltagskampf mit wenig Geld bestanden. Man hätte ihnen ein Denkmal errichten sollen.

Kaum hatte sich Deutschland demografisch von dem blutigen Aderlass des Krieges zu „erholen" begonnen, katapultierte die Scheidungswelle die Väter aus den Familien. Petri zeichnet ein schonungsloses Bild (ebd., S. 16): „Statistiken gehen von rund einer Million Scheidungsvätern aus, von denen knapp sechzig Prozent nach der Trennung ihre Kinder nach mehr oder weniger kurzer Zeit nicht mehr wiedersehen. Die Statistik sagt nichts darüber aus, wie viele von den rund 600 000 Vätern aus Verantwortungslosigkeit den Kontakt zu den Kindern abbrechen, wie viele ihre Ausstoßung durch Verweigerung der Unterhaltszahlungen, aus Desinteresse oder aus Gefühlsrohheit selbst verschulden, wie viele durch weite Ortswechsel die Beziehung zu den Kindern nicht aufrecht erhalten können, wie viele aufgeben, um die Kinder im Scheidungskampf zu schonen oder schließlich, wie groß der Anteil der Väter ist, der vor den Besuchsschikanen der Mütter oder vor menschlich ungerechten Gerichtsentscheidungen resigniert."

Passend dazu berichtete die *Süddeutsche Zeitung* (18. 07. 2012): „In Deutschland gibt es viele ‚Rabenväter'. Sie zahlen an die alleinerziehenden Mütter ihrer Kinder keinen Unterhalt, weil sie vorgeben, kein Geld zu haben, sich arm rechnen oder untergetaucht sind. Bund, Länder und Kommunen strecken deshalb gut eine Milliarde Euro Unterhaltsvorschüsse vor, von denen die amtlichen Alimente-Jäger nur 15 bis 30 Prozent eintreiben können."

Da ist einmal die Vaterentbehrung in Form der *Vaterlosigkeit*. Sie ist, wie gesagt, das Schicksal nicht weniger meiner Alterskameraden. Thomas, Jahrgang 1944, hat seinen Vater nie gesehen. Dieser fiel kurz vor seiner Geburt in Russland. Thomas: „Ich war das einzige Kind. Meine Mutter ist über das Drama dieses Todes nie hinweggekommen. Sie blieb depressiv, jammernd, passiv. Mein Vater war Dentist gewesen, sie ‚nur' eine ungelernte Bürokraft. Ihre

Schwiegereltern lehnten sie als ‚nicht standesgemäß‘ ab – trotzdem waren wir auf sie angewiesen, denn wir lebten in deren Haus in einer kleinen Einliegerwohnung. Es war ein sozialer Abstieg. Mutter nahm mich total in Beschlag. Sie kontrollierte ängstlich alle meine Gänge außer Haus, verbot mir das Fußballspielen und machte mir mit ihrer sektiererischen Frömmigkeit Schuldgefühle. ‚Du bist mein kleiner Mann‘, sagte sie fast täglich zu mir, ‚du darfst mich nicht verlassen‘.“

Die Mutter überflutete Thomas mit ihren Trauer- und Verlassenheitsängsten und missbrauchte ihn emotional als Partnerersatz: „Noch als ich achtzehn war, küsste und schmuste sie mich täglich und seifte mich sogar in der Badewanne ein. Sie war, das erkenne ich heute, glühend eifersüchtig und boykottierte meine erste Liebe zu einem Mädchen. Als ich einmal mit meinen Schulkameraden auf eine evangelische Jugendfreizeit gehen wollte, erpresste sie mich mit angeblichen Migräneanfällen, so dass ich schließlich frustriert zu Hause blieb. Ich war ein ‚guter Junge‘ und zahlte einen hohen Preis dafür: Konfliktscheu, Nachgiebigkeit, Unmännlichkeit.“

Thomas lernte das Mannsein nicht. Er wurde geradezu asexuell weich und unentschlossen. Sein vergötztes Vaterbild half ihm nicht, im Gegenteil, es schädigte ihn. Thomas: „Mutter idealisierte ihn als einen Heiligen, Trieblosen, Grundgütigen. Diesem körperlosen Idol gegenüber fühlte ich mich klein und armselig. Ich schwankte zwischen Bewunderung und Hass gegenüber meinem Vater. Er war ungreifbar wie eine Fata Morgana. Manchmal habe ich mich danach gesehnt, mit ihm sprechen zu können und ihn als Verbündeten gegen meine klebrige Mutter an meiner Seite zu haben. Dass er ein glühender Hitleranhänger und fanatischer Krieger gewesen war, verstärkte noch meine Ambivalenz ihm gegenüber. Ich fühle mich bis heute halbiert, um meine väterliche Hälfte betrogen. Von meinem Vater hätte ich den Satz gebraucht: ‚Sei frech. Wehr Dich. Genieße das Leben, die Frauen und dich selbst!‘"

Genau diesen Männlichkeitsentwurf hatte der vaterlose Wilhelm sich im fortgeschrittenen Alter erkämpft. Auch sein Vater starb im Krieg, 1945: „Ich war zweieinhalb Jahre alt und habe an ihn keine Erinnerung. Kontakte gab es nur bei seinen Fronturlauben. In der Kindheit und Jugend wurde ich nur von Frauen erzogen. Das waren die Mutter, die Oma, drei Tanten, eine Cousine und Freundinnen der Mutter." Die Folge: „Das Vatersein war für mich sehr schwer, ja, oft war ich hilflos. Mir fehlte das männliche Vorbild. Ich habe die ‚Bedürfnisse' meiner Kinder – ein Sohn, eine Tochter – nicht gesehen und nicht richtig reagieren können. Ich habe mich oft zurückgezogen. Alkohol kam mit ins Spiel. Vor rund fünfzehn Jahren habe ich mich bei ihnen entschuldigt, ebenfalls bei meiner Frau. Seit vielen Jahren haben meine Frau und ich an uns gearbeitet, mit gemeinsamen Therapien, Seminaren, Lehrgängen und Gesprächen. Das brachte uns Erkenntnisse, Einsichten, Harmonie sowie eine neu gewachsene Liebe. Ebenfalls lernte ich ‚Nein' zu sagen und entwickelte einen männlichen ‚Biss'." Wilhelms Sehnsuchtssatz an seinen Vater würde lauten: „Vati, du hast mir sehr gefehlt, ich brauchte deinen *männlichen* Schutz, Rat, Liebe und Strenge."

Vaterverlust: Einen lieben Vater gehabt zu haben und ihn dann zu verlieren, das ist wohl wie ein kleiner Tod. Walter erinnert sich: „Mein Vater verstarb mit sechsunddreißig Jahren, als ich elf Jahre alt war; unfassbar für mich, wie er starb, gelähmt. Ich spürte auch, dass meine Mutter so mit sich zu tun hatte, dass ich mich ‚zusammenreißen', das Maß meiner Trauer zum großen Teil mit mir selbst abmachen musste." Das besondere Drama dabei war, dass der Vater sich in eine Kollegin verliebt hatte, eine Außenbeziehung begann, die aufgedeckt und zum öffent-

lichen Skandal wurde. In Folge dieser „Familienka-
tastrophe" starb der Vater.

Der erwachsene Walter fühlte sich unter anderem
durch zwei *Familienaufstellungen* in die schwanken-
de Persönlichkeit seines erotisch attraktiven Vaters
ein. Er gab mir folgendes Selbstbildnis von ihm: „Ich
war offen, klug, geschickt und zupackend. So ging
es gut und zügig voran. Familie sollte auch sein. Deine Mutter war eine schöne und attraktive Frau; ich
war ja als Hauptbuchhalter auch etwas städtisch auf
dem Dorf, und so passten wir gut zusammen.
Irgendwie war meine Frau auch meine Zierde. Liebe – mein Gott, was ist das? Es passte halt, wir erwar-
teten ein Kind und heirateten. So war das eben."

Dann: „Ich war mutig und wurde übermütig. So bin
ich irgendwie ‚auf den Geschmack gekommen' –
war sehr erfolgreich und anerkannt, fühlte mich
grenzenlos und als Platzhirsch; die ‚Umständlich-
keit' mit meiner Frau war unbequem; die Frauen
und ich waren einander zugetan, und das ‚Verruch-
te' war irgendwie abenteuerlich. Die Erlebnisse ganz
einfach: schön. Mir ist der Erfolg zu Kopf gestiegen."

Schließlich: „Ich hatte sehr viel Rückhalt, ‚oben' und
‚unten'. Trotzdem und vielleicht auch gerade des-

wegen haben meine Vorgesetzten mein Verhalten als Vertrauensbruch gesehen. Meine Seitensprünge wurden mir zum Verhängnis. Ich schäme mich so – dieser Fall, diese Schmach – meiner Frau gegenüber, vor meinem Sohn, meinen Eltern und Geschwistern, gegenüber den Mitarbeitern und Kollegen, Partnern, Vorgesetzten, vor der Öffentlichkeit. Mit dem ungehemmten Ausleben meiner Lust habe ich alles, aber auch alles riskiert."

Walter ist inzwischen selbst Vater und Großvater. Er erkennt heute, dass Dunkel und Licht eine Morgengabe für den Sohn sein können: „Lieber Papa, dein Leben lehrt mich die Grenze zwischen Mut und Übermut. Lieber Gott, lass mich bitte weiter etwas vom Nährenden meines Vaters erhalten und meine Zweifel überwinden. Folgenden Satz möchte er ihm zurufen: „Ich bin stolz auf dich (mir kommen die Tränen); oder noch besser: Ich habe dich geliebt (da bekomme ich leichte Herzschmerzen)."

„Was die Erde gibt, das nimmt sie wieder", sagt das Sprichwort. Erst beschenkt sie, dann nimmt sie. Wer es erfährt, der leidet wie ein Hund. Arno erinnert sich: „Die Zeit, an die ich mich mit meinem Vater noch erinnern kann, war er ein liebevoller und toller Vater, für mich der liebste Vater der Welt. 1965 erkrankte er an Krebs und verstarb 1967. Ich erlebte viele Höhen und Tiefen mit seiner Krankheit. Ich ging extra im März schon zur Kommunion, da meine Mutter und die Ärzte der Meinung waren, mein Vater erlebe den Weißen Sonntag nicht mehr. Am Tage vor der Kommunion lag mein Vater wirklich im Sterben, er bekam sogar die letzte Ölung an diesem Tag. Am 19. Juni, mein Vater lag im Krankenhaus, ging ich mit meiner Mutter mittags zu meinem Papa. Dort angekommen, gingen wir auf sein Zimmer. Er lag schon im Sterben. Er schaute mich und meine Mutter noch einmal an, als wolle er sich von uns verabschieden. Meine Mutter schickte mich raus, ich solle im Hof ein wenig Rollschuh fahren. Etwa fünfzehn Minuten später kam Papas Mutter. Er war schon tot. Der schlimmste Tag in meinem bis dahin kurzen Leben."

Was heißt das? Arno: „Totale Leere. Ich hatte das Gefühl, ein Teil von mir ging mit dem Sarg unter die Erde. Es war fürchterlich. Nach dem Tod wurde es für mich schlimm. Ich sehnte meinen Vater oft weinend auf dem Bett herbei, fast jede Nacht träumte ich von ihm. Ich nässte wieder ein!"

Aber wie viel Dankbarkeit auch. Arno: „Ich war immer sehr gerne in seiner Nähe. Ich weiß ja nicht, wie sich das später noch entwickelt hätte, aber ich glaube, ich hätte alles mit ihm besprechen können. An die ersten sieben Jahre denke ich mit Dankbarkeit zurück. Danach, muss ich zugeben, war auch Groll mit dabei. Ich empfand das als Kind unfair, dass er sich so früh auf den Weg (in den Tod – M. J.) gemacht hat und mich mit einer total überforderten Mutter und einem Bruder, der für mich keiner war, alleine ließ."

Arno gibt der Vaterliebe die Note „sehr gut": „Immer, wenn er mich in den Arm nahm, empfand ich es, geliebt zu werden." Das bitterste Erlebnis? „In seiner Krankheitsphase gab es einen Tag, an dem er sich mit mir im Schlafzimmer einschloss, um den Apothekenschrank aufzubrechen. Er hatte starke Schmerzen und wollte sich mehr Morphium nehmen, da meine Mutter sich genau an die Menge, die vom Arzt vorgegeben war, hielt. Sie stand auf der anderen Seite der Tür und erklärte mir, dass mein Vater sich etwas antun wollte. Ich öffnete die Tür und meine Mutter kam wie eine Furie hinein. Ich lag auf dem Fußboden und war ganz traurig." Was Arno von seinem Vater mitbekommen hat? „Geborgenheit. Er setzte sich für seine Familie ein. Seine Familie war sein Ein und Alles. Er war auch handwerklich begabt." Was

Arno an seinem Vater imponierte: „Alles, ich liebte ihn!"

Vaterabwesenheit: Der abwesende Vater bewegt sich für den Sohn jeden Tag weiter und weiter fort. Häufig ist es die innere Abwesenheit. Moritz beklagt „die innere Abwesenheit – er war zwar da, aber irgendwie nicht erreichbar." Der Vater war Pastor, doch diese Berufswahl sei sein größter Fehler gewesen: „Ich glaube, darunter hatte er gelitten, dass er seinen Beruf eigentlich nach seiner Auffassung nur mit großer Anstrengung ausüben konnte", schreibt mir Moritz. „Mit seinem Vater hatte er nicht viel erlebt, er war auch Pfarrer und zwar im Dritten Reich, was ihm nach dem Krieg Gefängnis bei den Russen einbrachte. Das hat er dann nicht überlebt. Großvater starb kurz nach der Entlassung. In ihm hatte mein Vater somit auch kein Vorbild gehabt. Am Ende seiner Dienstzeit erkrankte er dann an Krebs. Er litt unter psychischen Problemen, über die aber nicht gesprochen wurde." Moritz hätte sich von seinem Vater eine klare Führungsrolle und Anleitung zu handwerklichen Fähigkeiten gewünscht, kurz, ein männliches Vorbild, „zu dem man aufblicken kann, auf das man stolz ist". Hat Moritz mit seinem Vater, der vor zwölf Jahren starb, seinen Frieden geschlossen? Moritz: „Ich weiß es nicht.

Irgendwie ist der Rückblick so traurig, und es ist ja eh vorbei."

Arthur ist achtundzwanzig Jahre und noch in der Ausbildung. Sein Vater hat ihn verlassen, als er drei Monate alt war. Er hat ihn ein einziges Mal mit fünf Jahren gesehen. Würde er ihm Intimes anvertraut haben? Arthur: „Ich denke, dass mir das fehlte und immer fehlen wird, sich mit so einer Bezugsperson auszutauschen." Seine Mutter hat schlecht über den Vater gesprochen, „vielleicht zu Unrecht". Aber: „Immer noch das Schlimmste ist für mich, dass er nie da war, wenn ich ihn gebraucht habe". Arthur denkt nicht daran, den neurotischen Stafettenlauf weiterzugeben und sich seinen künftigen Kindern zu entziehen. Er meint vielmehr: „Mein Ziel ist es immer, für meine Kinder da zu sein, egal, was kommt. Wenn es einen gibt, der nichts dafür kann, was immer auch passieren mag, dann sind es die eigenen Kinder." Was für eine Reife eines so jungen Mannes!

„Papa ist auf Montage", „im Krankenhaus" oder „auf Kur". So lügen Mütter in ihrer Not. Wenn der Vater im Gefängnis sitzt, sind auch die Kinder gestraft. Sie warten immer sehnlicher auf den Termin der Rückkehr, der ständig verschoben wird. Sie zweifeln an der Zuverlässigkeit des Vaters. Manche werden durch den Inhaftierungsschock psychisch auffällig.

So war es auch bei Ingo, Sohn eines Bankräubers und Raubmörders. „Als ich mit elf in die Pubertät kam, ließ ich mir von meiner Mutter nichts mehr sagen. Ich war ein Riesenbrocken. Ich prügelte mich mit anderen Jungen, weil in mir eine mächtige Aggression war. Wo steckte dieser Kerl von Vater nur? Warum ließ er mich im Stich? Durch Zufall erfuhr ich im letzten Jahr seiner Abwesenheit, dass er im Knast saß. Da habe ich meine Mutter als Lügnerin und Miststück beschimpft. Es war der totale Bruch mit ihr. Als mein Vater heimkam, grob, tätowiert und großmäulig, suchte er mit mir Streit. Er versuchte, seine väterliche Autorität herzustellen. Um es einmal ganz proletarisch auszudrücken: Ich gab dem Knastbruder eins in die Fresse. Jetzt hatte ich weder Vater noch Mutter. Ich begann zu saufen wie ein Loch – und zu kiffen. Zärtlichkeit kannte ich nicht, Autorität lehnte ich ab. Ich wünschte ‚dem Alten' den Tod. Dann wurde ich beim Dealen von Hasch erwischt. Es setzte eine Jugendstrafe. Ich hatte überhaupt keine Vorbilder, nur Gewalthelden als Idole. Ich schwängerte ein Mädchen und nötigte es zur Abtreibung. Ich war selbst das Miststück. Erst ein Motorradunfall, der mich auf Monate ins Krankenhaus und in die Reha brachte, ließ mich umdenken. Da war ein kleiner Psychologe, schmächtig und sehr zart. Den ließ ich schon gar nicht an mich herankommen. ‚Was willst du denn von mir, du Knirps‘, provozierte ich ihn. Doch der ließ sich nicht beirren. In jeder Sitzung fragte er mich immer dasselbe: ‚Wer bist du?‘ Das saß. Ich schluckte und begriff, dieser Mann war eine Art guter Vater für mich. Er mochte mich und setzte Hoffnungen auf mich. Heute bin ich Sozialarbeiter und Suchtberater und selbst für viele gestrauchelte Männer eine Art von Übervater."

Die *Vaterabwesenheit* ist auch häufig eine Folge des Wohlstands. „Ich bin weder entspannt noch gut gelaunt, wenn ich mit meinem Vater zusammen bin", schreibt Mirko: „Er ist mir fremd, etwas unheimlich, und ich würde ihm nie meine privaten Probleme anvertrauen. Er hatte doch auch früher dafür nie Zeit. Er kannte nur eines, nämlich seinen Beruf." Mirkos Vater ist ein klassischer *Workaholic*. Der erfolgreiche Internist, Privatdozent und Fachbuchautor war praktisch für die Kinder nicht vorhanden, eine graue Eminenz.

Mirko: „Er tauchte meist erst spät abends zu Hause auf, wenn wir Kinder bereits schliefen. Den Samstag verbrachte er entweder im Arbeitszimmer, um seine Aufsätze für klinische Fachzeitschriften und seine medizinischen Ratgeber zu publizieren oder er kontrollierte seine Baustellen. Mein Vater hatte nämlich ein ausgefallenes und äußerst profitables Hobby, er ließ aufwendig alte Mietshäuser sanieren, um sie dann in Eigentumswohnungen umzuwandeln und höchstbietend zu verscheuern. Damit wurde er zwar zum mehrfachen Millionär, aber zum Gefühlsbettler. Er spielte nicht mit uns. Er kam nicht zu meiner Einschulung, nicht zu meinem ersten Gitarrenkonzert als Bandleader, nicht zu meiner Abitur- und nicht zu meiner Diplomfeier. Zu meiner Hochzeit schickte er mir einen Scheck und blieb fern. Er habe so viel aufzuarbeiten, schrieb er mir. Ich glaube, er verachtet mich, weil mir Materielles wenig, meine Frau, meine zwei Kinder und die Musik jedoch alles bedeuten. Ich weiß nicht, ob er wirklich trauern würde, wenn ich tödlich verunglückte."

Mirko sagt: „Als mich meine spätere Frau nach meinem Vater fragte, antwortete ich: ‚Ich habe keinen'. Das ist mir einfach so herausgerutscht." Ob Mirko seinem Vater verzeihen kann? Mirko: „Das liegt wie ein Albtraum auf mir. Ich weiß, er hat seinen Reichtum auch für uns Kinder zusammengescharrt. Er ist Arzt aus Passion, gleichzeitig eine vitale Unternehmernatur. Er hat so vieles, das ich nicht habe. Das imponiert mir schon. Ich werde ihm nicht gerecht. Ich meutere immer noch gegen ihn. Ich lasse mich von meiner Enttäuschung leiten. Ich weiche dem Konflikt aus. Ich weiß aber auch, solange ich mein Vaterdrama nicht angehe, habe ich weiterhin Schwierigkeiten mit meinem Mannsein."

Die *Vaterabwesenheit* ist kein Schicksal, auch wenn die Leistungsgesellschaft vor allem Männer beruflich unter Druck setzt. Christiane Olivier redet uns Männern ins Gewissen (ebd. S. 60): „Es ist klar, dass die Frau durch ihre Gegenwart bei einem Neugeborenen während des Mutterschaftsurlaubs mit ihm eine Einheit bildet, mit ihm zu einem Körper wird. Man fragt sich, ob die Männer wissen, dass sie, um ihrem Kind körperlich nahezukommen, bestimmte Dinge in ihrem Leben opfern müssen, zum Beispiel berufliche Erfolge, die sie oft allzu sehr mit dem Gelingen ihrer menschlichen Existenz gleichsetzen. Was nützt aber berufliches Fortkommen, wenn man keine Zeit mehr hat, mit seiner Frau von dem Kind zu träumen, das bald zur Welt kommt? Oder wenn man als vielbeschäftigter Geschäftsmann mit ansehen muss, dass sich der Sohn nur an seine Mutter bindet?"

Soll das alte Sprichwort weiter gelten: „Was der Mutter ans Herz geht, das geht dem Vater nur an die Knie"?

Vatermorgana

Alle Menschen sind Rätsel, bis wir in einem Wort oder
einer Tat den Schlüssel zu dem Mann, der Frau finden:
Dann liegen alle ihre früheren Worte und Taten plötzlich
im Lichte vor uns.

Ralph Waldo Emerson
(1803 – 1882)
Tagebücher

Odysseus und sein zum Jüngling gereifter Sohn
Telemach brechen in Tränen aus, als der listenreiche
Vater nach vielen Jahren des Trojanischen Krieges
und der labyrinthischen Heimfahrt zurückkehrt.
Was muss es den griechischen Helden geschmerzt
haben, das Söhnlein in der Obhut der Mutter Pene-
lope zurückzulassen, sein Aufwachsen nicht verfol-
gen zu dürfen, ihn nicht genießen, ihn nicht prägen
zu können. Vater und Sohn umarmen sich in wildem
Schmerz ob der versäumten Möglichkeiten. Beide
brauchten sich, beide waren wie amputiert ohne einander. Homer berichtet in der *Odyssee* die Begeg-
nung in ergreifenden Hexametern: „. . . sondern ich

bin dein Vater, um den du so schmerzlich dich grämest. Also sprach der und küsste den Sohn; und über die Wange stürzten die Tränen zur Erde, die lange verhaltenen Tränen ... Da umarmte der Jüngling seinen herrlichen Vater mit Inbrunst, bitterlich weinend. Und in beiden erhob sich ein süßes Verlangen, zu trauern. Ach, sie weineten laut und klagender noch als Vögel, als scharfklauige Geier und Habichte, welchen der Landmann ihrer Jungen beraubt, bevor sie flügge geworden."

Was hier als Liebesmangel von archaischer Dramatik geschildert wird, das ist heutzutage banale Alltagsrealität. Männer wissen, so entnehme ich den meisten schriftlichen Antworten, wenig über ihre Väter. Sie sprechen von ihnen als eine Art *Vatermorgana*, einer vagen Luftspiegelung gleichsam. Der italienische Psychotherapeut Luigi Zoja bemerkt in seiner Studie *Das Verschwinden der Väter* (2002, S. 258 f.): „Die Suche nach dem Vater ist ein uraltes und archetypisches Thema, das dem Individuum und der Gesellschaft symbolisch sagt, Vatersein bedeutet ein beständiges Bemühen, das nie an ein Ende gelangt. Ob man selbst Vater oder Sohn ist, macht keinen Unterschied; es macht auch keinen Unterschied, ob die Blickrichtung diejenige des Vaters ist oder des Sohnes." Und: „Wir wissen, dass die Suche nach

dem Vater mehr ist als eine materielle Notwendig-
keit; sie entspricht auch einem universellen psychischen Bedürfnis. Jeder möchte, genau wie Telemach,
wissen, wessen Kind er ist. Früher oder später ist es
auch Adoptivkindern ein Bedürfnis, ihre leiblichen
Eltern kennenzulernen, selbst wenn die Adoptiv-
eltern alles für sie getan haben ..."

Ein Mann, der die Geschichte des Vaters nicht kennt,
ist wie ein Deutscher, der die Historie der Weimarer
Republik, des Nationalsozialismus und der Grün-
dungsphase beider deutscher Staaten nicht kennt. Er
ist politisch ohne Fundament.

Schlimmer noch: Als Ignoranten der Vatergeschichte
wissen wir nichts über das Unbewusste unserer
Prägungen. Die Jungianischen Psychotherapeuten
Theodor und AngLee Seifert mahnen in ihrem
Gemeinschaftswerk *Vater und Mutter ehren. Der Weg
zu Autonomie und Lebensglück* (2007, S. 18): „Denn die
Eltern sind eben nicht nur lästige alte Leute mit über-
kommenen Wertvorstellungen, sondern auch verin-
nerlichte Personen und Kräfte, die unser Leben mehr
und nachhaltiger bestimmen, als uns häufig bewusst
ist. Da es sich bei der Elternbeziehung um eine das
Leben erhaltende und fördernde Ursprungssitua-
tion unserer Entwicklung handelt, kann es nicht

gleichgültig sein, wie wir uns im Laufe des Lebens den Eltern gegenüber verhalten . . . Wir tun uns auch selbst etwas an, wenn wir die Eltern nur negativ oder mit Hass erfüllt betrachten, sind sie doch ein Teil von uns." Vater und Mutter sind und bleiben die *unsichtbaren Mitspieler* unserer Lebens- und Liebesgestaltung.

Es gibt eine simple Trias der Vaterignoranz: Keine Kommunikation. Kein Wissen. Keine Liebe. Maximilian, heute vierundsiebzig, denkt „mit sehr gemischten Gefühlen an meinen Vater zurück, weil es zwischen uns nie zu einer richtigen Kommunikation gekommen ist. Die Erziehung von uns drei Kindern hatte er meiner Mutter überlassen." Ein einziges Mal kam es zu einem intimen Gespräch: „Ich stamme aus einer erzkatholischen Familie und hatte meinem Vater auf einem Spaziergang, um den ich ihn gebeten hatte, gestanden, dass ich Atheist sei. Ich kann mir auch nicht vorstellen, dass ich später intimere Gespräche geführt hätte, selbst wenn ich länger im Elternhaus gewohnt hätte. Zur Mutter hatte ich mehr Vertrauen. Sie war wesentlich aufgeschlossener." Der Vaterbeziehung gibt er die Note „ausreichend". Wie sein Vater der geworden ist, der er wurde, kann er nicht beantworten. Ihm fehlt einfach das Wissen.

Geblieben ist Maximilian vor allem eine schlimme Erinnerung: „An ein schönes Erlebnis mit meinem Vater kann ich mich jetzt nicht erinnern. Ich kann mich nur erinnern, dass er, wenn er sein Gehalt einmal im Monat erhielt, immer angetrunken nach Hause kam und ich mich dann verkroch, weil mir sein Zustand zuwider war. Das ist wohl auch ein Grund, warum ich mit meinen vierundsiebzig Jahren immer noch keinen Alkohol trinke – und nicht wenig stolz bin, noch nicht auf den Geschmack gekommen zu sein."

Bittere Erinnerungen, die nicht durch positive aufgehellt werden, sitzen wie Widerhaken in unserem Gemüt. Fjodor Dostojewskij schreibt in seinem großartigen Entwicklungsroman *Der Jüngling*: „Es gibt schmerzhafte Erinnerungen, die uns wirklichen, körperlichen Schmerz verursachen; fast jeder Mensch hat solche Erinnerungen, nur vergessen die Menschen sie gewöhnlich. Aber dann geschieht es bisweilen, dass sie ihnen plötzlich wieder einfallen, wenn es auch nur irgendein kleiner Zug ist, der ihnen einfällt, und dann können sie die Erinnerungen nicht mehr abschütteln."

„Mein Vater ist ein weißer Fleck in meinem Gedächtnis." Das sagt Ludwig, vierundfünfzig Jahre alt. Er selbst hat, als Vater einer Tochter, nach langen Irrwegen in seiner dritten Ehe das Glück und in Spanien eine neue Heimat gefunden. Seine Eltern trennten sich, als er acht Jahre alt war. Ludwig bemerkt: „Ich habe nur eine einzige Erinnerung aus meiner Kindheit an ihn. Er hat mich eines Sonntagsmorgens beim Glockenläuten verprügelt, weil ich zu laut spielte. Später, ich ging vielleicht in die siebte oder achte Klasse, da tauchte er so einfach aus dem Nichts auf und wollte uns Kinder – ich habe drei Schwestern – zum Essen ins Dorfhotel einladen. Ich hatte mir unbewusst längst einen Ersatzvater zugelegt. Es war ein liebevoller Landwirt namens Alfons aus der Nachbarschaft, bei dem ich jeden Nachmittag verbrachte. Meine Schwester, die mich von der Arbeit auf dem Bauernhof holen wollte, habe ich weggeschickt mit der Bemerkung: ‚Kein Interesse. Essen bekomme ich hier, wo ich arbeite, und außerdem sind wir noch mitten in der Arbeit. Hier werde ich gebraucht!' Alfons wollte, dass ich zu meinem Vater gehe, aber ich ließ ihm keine Chance und blieb."

Von einer Tante hört Ludwig lediglich ganz abstrakt, „dass mein Vater ein humorvoller, geselliger Typ war." Gleichzeitig war der alkoholkranke und nikotinsüchtige Vater ein schwacher Mann und seiner Frau nicht gewachsen. Mehr weiß Ludwig nicht von ihm. Als er von seinem Tod erfuhr, reagierte er mit den Worten: „Na und, interessiert mich nicht." Inzwischen hat Ludwig in einer psychosomatischen Klinik seine *Vatermorgana* und die Folgen durchgearbeitet: „Meine Mutter hasste meinen Vater bis zu ihrem Tod vor drei Jahren. Diesen Hass hatte sie zum Teil auch auf mich projiziert, hauptsächlich wenn ich Beziehungsprobleme mit meinen Frauen hatte – und die waren nicht wenige. Auch hatte ich große sexuelle Probleme, hatte oft keine Erektion. Ich hatte mich an die Meinungen meiner Mutter gehängt und, so glaube ich, einfach ihre Ansichten über meinen Vater im Besonderen und alle Männer im Allgemeinen übernommen. Sie hasste alle Männer, die nicht ‚anständig' zu ihren Frauen waren. Dadurch lehnte ich wohl viele männliche Eigenschaften in mir ab und hasste mich auch selbst. Als Kind war ich jähzornig und Bettnässer. Als ich in die Schule kam, war ich überängstlich den Jungen gegenüber und hatte Probleme, einen Freund zu gewinnen. Später hatte ich überwiegend Frauenfreundschaften. Ich habe viele weibliche Anteile an mir entdeckt, gepflegt und war sehr gerne bei älteren Damen gesehen. Ich mag keine harten Männersportarten.

Heute empfinde ich es als meinen größten Fehler, dass ich nicht versucht habe, mit meinem Vater zu sprechen. Mein Blickwinkel war damals durch meine mütterliche Prägung zu sehr beschränkt. Ich hatte wohl ihre Meinung über meinen Vater zu hundert Prozent übernommen. Ich selbst bin wie mein Vater ‚einfach' abgehauen. Meine Familie hat mich dafür auch geächtet. Für mich war es damals aber überlebenswichtig, da ich immer depressiver wurde und ich immer mehr mit Selbstmordgedanken spielte. Ich bin immer weiter weg von meiner Heimat und meiner Verwandtschaft gezogen. Seit vier Jahren lebe ich nun in Spanien. Bis heute hat mich meine Tochter noch nicht hier besucht. Ich kenne meine Opas nicht. Über unserer Familie liegt ein großes Schweigen in Bezug auf Familiengeschichten." Schweigen kann die grausamste Familienlüge sein. „Fragen", sagte der Existenzphilosoph Martin Heidegger (1889 – 1976) einmal, „ist die Frömmigkeit des Denkens."

Wenn das Schweigen aufgebrochen wird, erleben die Söhne oft eine Überraschung. Wir erinnern uns an Ingo, dessen Vater als Bankräuber und Raubmörder sechs Jahre „auf Montage", das heißt in den Bau musste. Hier ist etwas nachzutragen. Ingo erfuhr nämlich von einem früheren Kumpel des Vaters aus dem kriminellen Milieu, wie und warum der Vater so aus dem sozialen Gleis geriet. Im Köln des Nach-

krieges hatte sich der besagte Vater auf das „Fringsen" verlegt. Der Begriff ist heute erklärungsbedürf-
tig. Weil Kälte und erbarmungslose Not herrschte,
fand der oberste Kirchenboss von Köln, Josef Kardinal Frings, verständnisvolle Worte für den weit ver-
breiteten Kohlenklau aus den offenen Güterwag-
gons. Der Volksmund sprach daher schmunzelnd
vom „Fringsen". Genau das tat der Vater von Ingo,
um seine Mutter und die jüngeren Geschwister mit
seinen Kohlediebstählen vor der Kälte zu schützen.
Er wurde gleichzeitig ein Virtuose des Schwarzhan-
dels, klaute wie ein Rabe und verschob amerikani-
schen Whisky und die begehrten Zigaretten *Lucky
Strike*. Neben seiner Familie unterstützte er die
gesamte Sippe. Er fühlte sich als ein Robin Hood der
Armen. Ingo: „Das entschuldigt natürlich seine späteren ernsten Verbrechen nicht. Aber es gibt eine
Stelle in meiner Seele, wo ich mit diesem Draufgän-
ger und Scheißkerl sympathisiere."

Nächste Vatermorgana: Was war wohl mit dem
Vater von Anton los? Als Anton vierzehn Jahre alt
war, ließ sich seine Mutter von ihrem Mann scheiden. Er hatte die Tochter missbraucht. Anton, heute
vierundsechzig: „Vor fünf Jahren lebte er noch. Das
hörte ich bei der Beerdigung seines Bruders, zu dem
ich Kontakt hatte. Ob er heute noch lebt, weiß ich

nicht. Wenn er tot wäre, berührte es mich wenig. Ich kann aber wohlwollend für ihn beten und tue es auch manchmal immer noch." Der Vater suchte zu den vier Kindern nie Kontakt. Anton seinerseits war hart gegen ihn und verurteilte ihn moralisch. Wie seine Mutter sprach er nur negativ vom Vater, der ihn auch geschlagen hatte. Anton: „Leider habe ich meine Kinder auch manchmal geschlagen, aber in der Regel versuchte ich, alles besser zu machen."

Anton vermutet, dass sein Vater mit „Schaden aus dem aktiven Kriegsdienst kam". Das ist für viele Söhne mit Vätern aus der Kriegsgeneration, wie ich aus den knappen Andeutungen in den Antwortbögen herauslas, ein zusätzliches moralisches Problem. Die Journalistin Sabine Bode schreibt in ihrem detaillierten Bericht *Nachkriegskinder. Die 1950er Jahrgänge und ihre Soldatenväter* (2011, S. 291): „Bei meinen Lesungen für Kriegskinder berichteten Angehörige der Dreißigerjahrgänge häufig von ungeheuerlichen Szenen. Als Kinder hatten sie gesehen, wie Zwangsarbeiter gedemütigt wurden, wie jüdische Nachbarn auf einen Lastwagen steigen mussten, wie Trupps von Kriegsgefangenen oder KZ-Häftlingen vorbeizogen und wie erbarmungslos sie behandelt wurden, wie verhungert sie aussahen. Die meisten Eltern hatten damals gesagt: ‚Guck da nicht hin'. . .

Wie oft habe ich in den vergangenen Jahren gehört: ‚In meiner Familie gab es keine Nazis. Es waren kleine Leute.' Doch es waren ja gerade die kleinen Leute, die auf Schnäppchenjagd gingen, den Hausrat aus ‚nicht arischem Besitz', worauf in Zeitungsanzeigen ausdrücklich hingewiesen wurde, ersteigerten. Die Inventarlisten stammten von den jüdischen Mitbürgern selbst. Sie mussten sie vor ihrer Deportation anfertigen und zusammen mit ihrem Wohnungsschlüssel abgeben". Alle hatten profitiert. Die moralische Indifferenz und das Schweigen dieser älteren Generation verunsicherte die Söhne (und die Töchter) bis ins Mark.

Wie viel mehr müssten wir Söhne gerade über unsere Väter wissen, um ihre Stehaufqualität, ihren Fleiß und ihre beinharte Zähigkeit etwa beim Wiederaufbau zu würdigen und sie nicht einfach für ihre Sparsamkeit und Strenge zu verurteilen! Christian, um die dreißig Jahre alt, erkennt: „Bis vor kurzem habe ich die Schwierigkeiten, die mein Vater als auch meine Mutter als Kinder und Flüchtlinge gehabt haben müssen, nicht ausreichend beachtet. Inzwischen habe ich ein viel runderes Bild ihres bisherigen Lebensweges. Ich habe begriffen, dass meine Eltern selbst vieles als Kind nicht hatten und als Menschen nicht nur Stärken haben." Als besonders schönes

Erlebnis erwähnt er, dass „mein Vater und ich eines Abends im Urlaub in einer Hafenstadt gemeinsame Zeit verbrachten und ich Krabben gefangen habe."

Oft sind es ja auch durchaus witzige Erlebnisse, die uns unauslöschlich im Gedächtnis bleiben. Als mich mein Vater einmal als etwa Fünfjährigen mit zu einem Praxisbesuch nahm und meine Mutter mich nach meiner Rückkehr fragte, wo ich mit ihm gewesen sei, antwortete ich stolz: „Ich war in einem richtigen Restaurant. Ich habe Limonade getrunken und ein Restaurationsbrot mit Essiggürkchen gegessen." Das vornehme Restaurant war in Wahrheit die Kneipe eines Bordells. Mein Vater war als Arzt zu einer kranken Prostituierten gerufen worden.

Zur Kriegs- und Flüchtlingsgeneration gehörte auch Willis Vater. Willi ist mein Freund und wie ich Jahrgang 1941. Er schreibt: „Ich war acht Jahre alt, als er aus der russischen Kriegsgefangenschaft zurückkam. Eigentlich war es mein erster Kontakt mit ihm. Bis dahin waren meine Bezugspersonen meine Mutter und meine Patentante. Wenn ich zurückdenke, dann kommt nicht viel Negatives und Positives hoch. Es ist eher neutral." War er mit sich und der Nachkriegszeit sehr beschäftigt? „Ich weiß nicht, was er wirklich gefühlt und gedacht hat. Ich habe ihn nicht richtig gekannt. Für mich ist er zu früh gestorben. Es hätte sich vielleicht noch etwas entwickelt, wenn ich älter, das heißt reifer gewesen wäre und aktiv auf ihn zugegangen wäre."

Als schön behielt Willi die gemeinsamen Theaterbesuche, Spaziergänge mit ihm über oberschwäbische Wiesen und gemeinsame Gespräche in Erinnerung: „Ich hatte das Gefühl, dass wir füreinander da waren. Mein Vater war sehr praktisch veranlagt – da hat er mir sehr viel mitgegeben." Aber es gab auch Bitteres: „Ich war zirka neun Jahre alt, mein Bruder und Vetter ließen mich nachts im Wald alleine. Ich lief schreiend nach Hause, mein Vater fing mich hinter einem Baum ab. Ich bekam den Hosenboden voll. Der Schreck war groß, mein Schließmuskel versagte, ich schämte mich zutiefst. Die Patentante tröstete mich. Von meinem Vater hörte ich nichts. Später wusste ich: Er konnte Krach nicht leiden. Dieses Ereignis – es war kein Drama – hatte uns entzweit!"

Befriedigend bis ausreichend sei seine Vaterbeziehung. Immerhin habe er ihm „preußische Werte, innere Haltung, Disziplin, das Schicksal annehmen, nicht zu klagen" mitgegeben. Der frühere Gutsbesitzer, der nun eine Hühnerfarm betrieb, sei aktiv, fleißig und zielstrebig gewesen. Er konnte fröhlich sein und war beliebt, ganz besonders bei Frauen. Aber seinem Sohn öffnete er sich nicht. Gleichwohl empfand dieser seinen Tod als fürchterlich: „Mein Vater starb plötzlich, unvorhergesehen. Ich war vierundzwanzig Jahre alt, studierte und war mit einem Studienfreund in Prag. Er war schon drei Tage tot, als ich zurückkam. Das Telegramm nachts um vierundzwanzig Uhr schlug ein wie eine Bombe. Der Boden wurde mir unter den Füßen weggezogen. Ich spürte große Trauer. Es war so viel noch offen – und jetzt war es zu spät. Ein schwieriges Verhältnis also." Aber: „Ich habe ihm verziehen. Persönlich konnte ich es ihm nicht sagen. Ein (imaginärer – M. J.) Brief an ihn lange nach seinem Tod war ein Ersatz. Sein Leben war schwer durch Krieg und Gefangenschaft. Es ist doch so: Vieles, was ich kritisiert habe bei ihm, habe ich nicht besser gemacht! Geholfen haben mir auch sehr die Gespräche mit dir, lieber Mathias."

Willi sagt heute mit Bedauern: „Ich habe Vater teils verurteilt und war hart – vielleicht auch anmaßend." Seine eigene Vaterschaft charakterisiert er mit knappen Worten: „Zu viel Beruf, zu wenig Vater. Dann auch Außenbeziehung, ohne Themen zu klären. Ich habe meine Töchter sehr geliebt, aber zu wenig anerkannt, gelobt und ihr Selbstbewusstsein gestärkt. Unter dem schlechten Gewissen habe ich lange gelitten. Heute habe ich ein gutes Verhältnis zu den Töchtern und zu meiner Ex-Frau. Ich habe teilweise die Fehler meines Vaters wiederholt." Sie waren fünf Geschwister – Willi, seine drei Brüder und die Schwester. Er war der Jüngste: „Es war Krieg mit zweifelhaftem Ausgang, vier Kinder reichten. Meine Mutter sagte mir einmal: ‚Und ich wollte dich doch!' Das lässt den Umkehrschluss zu, dass mein Vater nicht mehr so erpicht darauf war. Vielleicht ist das der Schlüssel für alles. Realistisch und pragmatisch gesehen kann ich das auch irgendwie verstehen." Ist es denn menschlich nicht nachzuvollziehen, dass ein Vater in Kriegswirren und Notzeiten vor einem fünften Kind Angst hat? Willi jedenfalls spürt heute: „Ich habe meinen Frieden mit meinem Vater geschlossen."

Wie man die *Vatermorgana* auflösen und schöne Beweisstücke der väterlichen Humanität bergen kann, habe ich selbst durch einen wunderlichen Zufall und mit Faszination erlebt. Mein ältester Bruder Albert gab mir eines Tages einen großen Packen verschnürter Briefe meiner Eltern aus ihrer Studentenzeit. Meine Mutter hatte sie aufbewahrt bis zu ihrem Tod. Das Gros der Briefe bildeten naturgemäß die Schreiben meines Vaters. Was er mit ihren Briefen gemacht hat, weiß ich nicht. Nur einige wenige befanden sich in diesem umfangreichen epistolaren Korpus, der heute in gedruckter Form dreihundertdrei große Seiten umfasst. Meine Frau Ilse leistete mir den Liebesdienst, die väterlichen, in „Deutscher Schrift" schwer lesbaren, Briefe in wochenlangen Nachtsitzungen auf Band zu sprechen und finanzierte die schriftliche Transkription sowie die Buchbindung der vier schwergewichtigen Bände für uns vier Geschwister. Annette Wölwer-Jeckel, die alle meine im emu-Verlag erschienenen Bücher ins Reine schrieb, bewältigte auch dieses editorische Privatunternehmen mit gewohnter Sorgfalt. Beiden Frauen danke ich gerührt für ihr Engagement an diesem ungewöhnlichen Familienprojekt, das mich als Sohn wie kaum ein anderes beglückt und bereichert hat.

Was für ein zartfühlender Mann war doch mein Vater Albert Jung, an dem ich so lange Zeit keinen guten Faden mehr ließ. Das ist *die* Überraschung meines Lebens als Sohn. Da legte er meiner Mutter Kinderaufnahmen in einem Brief bei und schreibt: „Einer meiner innigsten Wünsche: Später mal ein halbes Dutzend solcher entzückenden Geschöpfe mein Eigen nennen zu können! Das muss herrlich sein! Ich glaube, ich werde mal ein guter Vater!" Und: „Ich würde Dir unbedingt raten, Kinderärztin zu werden!" Er liebte die Natur seiner westfälischen

Heimat: „Du, Erika, die Heide blüht", schreibt er und erkundet sie. Als lebenslanger Hundeliebhaber hat er natürlich seinen „Cäsar" dabei: „Vorgestern habe ich allein mit Cäsar einen Tagesmarsch zum Hünengrab gemacht! Das war herrlich! Die Heide muss man lieben, besonders in ihrer Pracht im August! Leise habe ich das Löns-Lied gesungen *Ein leises Lied!* Meine Trompete hatte ich bei mir! Du hast mir gefehlt! Es war so einsam, keine Menschenseele weit und breit."

Der verwöhnte Sohn eines Sandgrubenbesitzers und einer Landgasthofinhaberin hat ein Herz für die Notlage der Arbeiter. 1928 schreibt er meiner Mutter: „Seit voriger Woche sind im rheinisch-westfälischen Ruhrkohlenbezirk 225 000 Arbeiter gekündigt. Ist das nicht furchtbar? Arbeitslosen-unterstützung ist nicht bewilligt worden, da es sich anscheinend um eine juristisch begründete Aus-sperrung handelt. Es sind meistens Metallarbeiter der Vereinigten Stahlwerke. Die Zechen, die die nötigen Kohlen für die Hochöfen usw. liefern, haben Freischichten eingelegt. Es liegt eine gedrück-te Stimmung auf den Städten Bochum, Duisburg, Dortmund ... Eine gewisse Tragik liegt darin, dass sämtliche deutschen Zeitungen über glänzende Leistungen des Zeppelin spaltenlange Berichte bringen, aber dagegen die Aussperrung von 225 000 Arbeitern, ein sozialpolitisches Ereignis mit traurigen Folgen, nur relativ wenig erwähnen. Ich glaube, weil das Interesse an der sozialen Not von den gutsituierten Kreisen entweder ganz fehlt oder weil es kein ehrliches Interesse ist." Der bildungshungrige stud. med. Albert tritt in die Deutsche Buchgemeinschaft ein und liest hingerissen *Die Todgeweihten* von Claude Farrère, ein „utopistischer Kampf zwischen Arbeitern und Großkapital", sowie Bismarcks Erinnerungen.

Nie hätte ich geahnt, dass mein Vater über so viele Jahre liebesstark, treu und gegenüber seiner Herzensfrau respektvoll war. „Du, wann sind wir für immer zusammen?", fragt er: „Meinst Du auch in spätestens fünf Jahren? Den Termin habe ich mir ausgerechnet. Glaubst Du, dass ich jetzt weinen möchte, wenn ich bedenke, dass alles noch so lange dauern soll, dass Du so weit fort bist. Ich kann gar nicht so vernünftig und ruhig sein wie Du, ich habe solch eine Sehnsucht nach Dir." Und: „Heute morgen war ich mit Mutter in Dortmund, wir haben ein neues Klavier gekauft, ein erstklassiges Instrument; unser altes ist in Zahlung genommen worden. Du, wie ich mich freue, wenn ich jetzt alle Tage mit Lust und Liebe zu jeder Zeit auf dem feinen Instrument spielen kann. Erika, dann müsstest Du neben mir sitzen und still zuhören! In Moll und Dur würde ich von unserer Liebe spielen. Ich spiele ja nur für Dich!"

Dann träumt er von einem Arztleben auf dem Lande: „Wenn man auch als praktischer Arzt auf dem Lande weniger verdient und vielseitiger und unter schwierigeren Umständen schaffen muss, so ist doch die Wahrscheinlichkeit groß, dass man sich eine kleine Villa mit einem großen Garten leisten kann. Recht große Bäume müssten drin stehen und schöne Rasenflächen, Rosen und Flieder! So ein kleines Paradies!" Noch ahnt er nicht, dass es Jahre später eine Villa mit einem parkähnlichen Garten am Bodensee sein wird. Er kann sich aber auch noch nicht vorstellen, dass sie später beide von dem Naziregime drangsaliert werden, weil sie nicht im NS-Ärztebund organisiert sind und als „katholisch versippt" gelten. Die Kassenzulassung wird ihnen verweigert werden.

Immer wieder träumt mein Vater vom Glück der Geschlechterfolge: „Komm, mein Mädel, jetzt gebe ich Dir einen lieben Kuss auf Deine lieben guten Augen, Du! Es muss hart für die Eltern sein, wenn wir einst das Vaterhaus verlassen und ein eigenes

Heim gründen, da können eigentlich nur Enkelkinder den Schmerz wiedergutmachen. Enkelkinder, die gesund und lebensfroh sind, verwandte Züge der Großeltern aufweisen und das Geschlecht stark machen und es vermehren. Das sind eigentlich fast tägliche Gedanken, zu schön, um sie weiter auszuspinnen." Auch über die Arbeitsteilung in der Ehe macht er sich Gedanken: „Ich hielte es für einen Idealzustand in unserer Ehe, wenn Du täglich durchschnittlich drei bis vier Stunden ärztlich zu tun hättest; bei einem Mehr würde darunter die Ehe leiden." Tatsächlich sollte meine Mutter, bedingt durch Krieg und spätere Scheidung, rund um die Uhr als Ärztin arbeiten und uns Söhne durch die Jesuiten fremderziehen lassen. Wie hätten beide diesen absurden Schicksalslauf ahnen können!

Zu welcher Sehnsucht ist dieser Mann fähig. Ich komme mir da beim Lesen manchmal ganz gefühlsschwach vor. „Du, soeben habe ich mit Dir (am Telefon – M. J.) gesprochen, Deine liebe Stimme gehört", gesteht er in einem Brief von 1931: „Du, ich hatte heute Abend solch unbändige Sehnsucht nach Dir, ich musste Dich sprechen, ich konnte es nicht mehr aushalten. Wie es dann so weit war, verlor ich förmlich die Beherrschung. Ich hörte nur Deinen Mund, die Vokale, wie Du sie allein formst, die Stimme, nach der ich hungere; den Sinn konnte ich anfangs gar nicht begreifen, was ich Dir alles sagen wollte, war einfach verschwunden; Du, mir zittern noch die Knie. Ja, meine Liebe zu Dir ist sehr tief und groß, und nie hat mich irgendetwas seelisch mehr erschüttert und gepackt als diese unsere starke Liebe."

Dann spricht er wieder von seinem neuen Hund „Rolf": „Nun liegt er hinter mir, mit seinen klugen Augen schaut er mich an. Ich füttere ihn selbst, bürste und pflege ihn eigenhändig." Ich selbst bin sechzig Jahre später ein hingerissener Neufundländerbesitzer bis heute geworden. Gentleman, den ersten Neufundländer, hat mein Vater nach Kriegsende in unser Haus gebracht.

Inzwischen sind Albert und Erika Assistenzärzte. Mit welcher – riskanten – romantischen Illusion begegnen sie sich. Meine Mutter Erika schwärmt: „Du, wir werden in unserer Ehe einmal ein hohes Niveau erreichen und darauf beharren. Unser gemeinsames Leben wird in allen Prinzipien und Fragen, in allen wichtigen Dingen des täglichen Umgangs und Lebens einig sein und sehr harmonisch verlaufen. Ich will Dich küssen und immer lieb haben." Ja, wenn das so einfach wäre.

Viel schreiben sie sich über ihre ärztliche Ausbildung, ihre Diagnosen, ihren Ärger und ihre beruflichen Zukunftspläne. Eigentlich möchte mein geschickter Vater Chirurg werden. Später hat er mir kunstreich eine üble Schnittwunde an einem Finger genäht. Der Eheschließung und der schnelleren Niederlassung wegen verzichtet er auf diese Pläne. Oft stolpert der lebenslustige und optimistische Westfale über das schwerblütige, leicht gekränkte Wesen seiner Verlobten. Sie schreibt, wie mir scheint, unbewusst prophetisch, „dass ich oft nicht weiß, ob meine Liebe zu anspruchsvoll sei". Wenn es kritisch wird, zieht sie sich mit, man verzeihe mir das Wort, dramatischem Tremolo, zurück: „Ich muss reiflich und ernst überlegen", schreibt sie 1932 nach kleinen Differenzen: „Du musst mir viel Zeit dazu geben, und ich bitte Dich, verlange in der nächsten Zeit keine Nachricht von mir." Dann aber heißt es von ihr im April des gleichen Jahres wieder: „Und wir wollen an Ostern dankbar unserer Liebe Auferstehungsfest halten." Sie sieht die Beziehung als „unsere Insel, ein sorgsam abgeschottetes Glück".

Ob das gut gehen kann? Die Ehe als Insel? Dann ergreift Hitler die Macht. Meine Eltern sind bedrückt. Vater ist in der katholischen Verbindung CV korporiert. Erika spricht ihm aus der Seele, als sie im Mai

1933 die Kapitulation der Korporationen bei Hitlers Machtergreifung kommentiert: „Hast Du übrigens die Erklärung des CVs an Hitler gelesen? Ich habe mich dabei im Herzen geschämt." Noch hofft sie: „Ja, Albert, wenn wir einmal verheiratet sind, dann dringt die Außenwelt nicht in unser tiefstes Eheleben ein." Wie denn auch: „Wir wollen einander immer so lieb behalten und ein Leben lang unsere Insel behalten und nie jemanden sie entweihen lassen. Denn die Insel zweier Menschen ist heilig, wenn Mann und Frau sich so lieben wie wir, Albert."

Endlich, endlich nach sieben Jahren tapferer Enthaltsamkeit – für uns heutige Zeitgenossen schwer nachvollziehbar – gewähren sie sich auch volle Sexualität. „Mein liebster Mann", zittert Erika noch förmlich nach, „die Tatsache, dass wir uns so lieb haben, rechtfertigt in meinem Herzen, dass wir Leib und Seele in unserer Liebe nicht mehr getrennt haben. Dass die Liebe zwischen Mann und Frau beides beinhalten muss, wenn sie harmonisch sein will, habe ich erst im Erleben erfahren und seither bin ich ruhig geworden mit all den Problemen, mit denen ich vorher nicht fertig geworden bin. Und seither ist es anders zwischen uns, fühlst Du das auch? Es ist, als ob irgendeine trennende Wand gefallen sei, und seither haben wir dieses unbedingte Verschmolzenheitsgefühl, das uns als Mann und Frau aneinander kettet. Und wenn wir noch so lange voneinander getrennt sind."

Das Insel-Heiligtum, wie meine Mutter Erika als „Deine glückliche Braut" im April 1934 schreibt, hat nicht gehalten. Bin ich der Richter meiner Eltern? Der Krieg und die jahrelange Entfremdung haben wohl diese Ehe zermürbt, zu einer Außenbeziehung meines Vaters und zu einem überstürzten Scheidungsbegehren meiner Mutter geführt. Noch wenige Monate vor der Scheidung schreibt mein Vater aus einem kurzen Urlaub in seiner westfälischen Heimat nach Konstanz an meine Mutter: „Ich schlafe denkbar schlecht und bin mit meinen unruhigen Gedanken viel bei Dir und unseren Kindern." Und er denkt an den großen Neufundländer, mit dem er uns Kinder beschenkt hat. „Was macht Gentleman? Hinkt er noch?"

Ich könnte weinen, wenn ich dies alles lese. Zürnen nicht. Ich selbst habe eine Ehe hinter mir. Ich habe auch vieles falsch gemacht. Ich bin mir selbst oft ein Rätsel. Meine Eltern waren es sich vermutlich auch. Wie sagt der Arzt und Existenzphilosoph Karl Jaspers (1883 – 1969) in seiner Jahrhundertschrift *Die geistige Situation der Zeit* von 1933: „Der Mensch ist immer mehr, als er von sich weiß. Er ist nicht, was er ein für alle Mal ist, sondern er ist Weg." Hinter der jahrzehntelangen *Vatermorgana* beginne ich die Konturen meines realen Vaters zu ahnen.

Sündenbock

Selbst ein Sohn mit einem starken und bewundernswerten Vater muss zu einem jungen Mann heranwachsen, der erkennt, dass sein Vater ein Mensch aus Fleisch und Blut ist, kein allmächtiges Ideal und seine Grenzen hat. Die Entdeckung ist ... häufig von Wut und Verachtung begleitet, als hätte der Vater dadurch, dass er kein Gott geblieben ist, den Jungen irgendwie betrogen.
Arthur und Libby Colman
Der Vater. Veränderungen einer männlichen Rolle
1991, S. 105

Kann mein Vater für das Elend meines Lebens verantwortlich sein? Ich bin da skeptisch, und der nächste „Fall" hat mich in meinem Zweifel bestätigt.

Christoph denkt heute an seinen Vater „eher mit Groll, auf keinen Fall mit Vergnügen". Die Beziehung habe sich zwischen „genügend" und „ungenügend" bewegt. Zwar habe ihm sein Vater Bildung mitgegeben, aber an wirklich besonders schöne Augenblicke mit ihm könne er sich nicht erinnern. Oder will sich Christoph nicht erinnern? Gibt es

einen inneren Widerstand gegen die Aufhellung seines Vaterbildes? Hat es nicht eine einzige schöne Situation zwischen den beiden gegeben? Ich glaube das nicht.

Ich habe mich selbst jahrzehntelang gegen die Erinnerung an schöne Begegnungen mit meinem Vater gesträubt. Schließlich hatte ich das väterliche Feindbild wie eine Mücke im Bernstein verschlossen. Tatsächlich jedoch pflegte er uns beispielsweise jedes Jahr am ersten Weihnachtstag in seinem schönen Bungalow auf dem Konzertflügel Beethoven oder Chopin vorzuspielen, uns reich zu bewirten und großzügig zu beschenken. Oder er fuhr uns mit seinem Wirtschaftswunder-Mercedes in die Schweizer Berge. Natürlich war ich von der überwiegenden Abwesenheit und dem mangelnden Interesse unseres Vaters enttäuscht, aber ich machte ihn auch zum Sündenbock und zur immerwährenden Ursache meines Seelenunglücks.

Genau das charakterisiert Christoph als sein selbstverschuldetes Vaterdilemma: „Ich mache ihn heute noch für meine fehlende Männlichkeit verantwortlich. Ich lebe das aber (fast) genauso meinen Kindern vor!" Und: „Ich möchte sehr gern die Verantwortung für mein Leben selbst übernehmen können.

Realität ist aber, dass ich ihn immer noch für mein momentanes Scheitern verantwortlich mache. Ich verurteile ihn für das, was er mir ‚angetan' hat. Somit muss ich ja nicht in die Selbstverantwortung gehen." Schließlich: „Ich bin meist mit mir selbst beschäftigt, genauso rational und im Grunde genommen nicht viel besser."

Natürlich gibt es auch den tatsächlichen Sünden-bock Vater. Die Frage ist nur, ob man an ihm schei-tert oder reift. Der Literaturnobelpreisträger Mario Vargas Llosa schildert in einem Interview mit dem *Zeit*-Magazin (41/2011) die Bewältigung seines Va-terdramas. Er erlebte glückliche frühe Kinderjahre mit seiner Mutter und deren Familie zusammen: „Ich war ein Junge ohne Vater, ich hatte jedoch viele Väter, meinen Großvater, meine Onkel. Ich war glücklich, bis mein Vater aus dem Nichts auftauchte. Man hatte mir erzählt, er sei tot. Meine Familie war sehr katholisch und schämte sich für die Scheidung meiner Eltern – ich glaubte also, mein Vater sei im Himmel und bewahrte ein Bild von ihm in seiner blauen Marineuniform auf."

Der Vater hatte die Mutter noch während ihrer Schwangerschaft verlassen: „Er verschwand. Er ant-wortete nicht auf Briefe, er rief nie an, und schließlich verlangte er die Scheidung." Doch eines Tages konfrontierte die Mutter den kleinen Mario mit dem ihm fremden Vater: „Sie nahm mich mit in ein Hotel, wo wir einen Herrn trafen, der dem von meinem Foto sehr wenig ähnelte. Er war ganz kahl und trug keine Uniform. Ich war völlig verwirrt." Die Veränderung war dramatisch: „Ich lernte Angst und Einsamkeit kennen. Ich war noch nie geschlagen worden, und plötzlich wurde ich brutal geschlagen, von meinem Vater. Dieser Mann war mir völlig fremd, und ich begann sofort, ihn zu hassen. Er brachte mich fort von meinen geliebten Großeltern."

Der autoritäre Vater verstand den sensiblen und musischen Jungen nicht. Llosa: „Er hasste alles, was mit Büchern zusammenhing. Bei der Familie meiner Mutter galt ich als begabtes Kind. Ich wurde gefeiert, wenn ich ein Gedicht oder eine Geschichte schrieb. Als mein Vater davon erfuhr, sagte er: ‚Ein Schriftsteller ist ein Perverser, ein Homosexueller.' Er verbot mir zu schreiben und schickte mich auf eine Militärschule. Damit bescherte er mir den Stoff für meinen ersten Roman."

Der Vater machte den Sohn damit ungewollt zum Schriftsteller. Llosa: „Ja, das heimliche Schreiben und Lesen war für mich der einzige Weg, gegen diesen Mann zu rebellieren. Ich glaube, mein Vater war einer der Gründe, warum ich Diktatoren so verabscheue. Er war in unserer Familie das, was ein Diktator in einem totalitären Regime ist." Schreiben wurde zur Rettung für den Sohn. „Es gab mir meine Unabhängigkeit und Souveränität zurück, die ich in der Gegenwart meines Vaters völlig verloren hatte. Beim Schreiben konnte ich mich meinem Leben stellen, allen Enttäuschungen, dem Scheitern. Ich denke, für einen Künstler ist das wunderbar: Du kannst alles, was schiefgeht in Deinem Leben, benutzen und in Fiktion verwandeln. Das ist eine große Befreiung."

Eine Versöhnung zu Lebzeiten war gleichwohl nicht möglich. Mario Vargas Llosa: „Eines Tages, als ich schon bekannt war, hatte er in *Time* einen Beitrag über mich gesehen. Das war die Überraschung seines Lebens. Er war so davon überzeugt, dass ich ein Versager war, und dann war ich in *Time*. In den letzten Jahren seines Lebens machte er einen vorsichtigen Versuch der Annäherung. Aber es war zu spät."

In den Fragebögen, die mir Söhne aus Scheidungsfamilien beantworteten, entdecke ich aber auch immer wieder den fatalen Mechanismus, wie der gegangene Vater zum Sündenbock gemacht wurde, aber auch selbst zu dieser unseligen Rolle beigetragen hat. Einer von diesen Söhnen ist Konrad, heute ein erfolgreicher Geologe in der Mineralölindustrie. „Ich habe meinen Vater viele Jahre gehasst, weil er meine Mutter, mich und meine Schwester, ohne sich uns zu erklären, verlassen hat. Er ging ins Ausland und meldete sich nicht mehr. Ich empfand das so, dass er sich verdrückte und sich seiner väterlichen Verantwortung entzog. Er zahlte zwar regelmäßig Unterhalt, aber er erschien höchstens ein bis zweimal im Jahr auf der familiären Bildfläche. Seine neue Frau hielt er vor uns verborgen. Überhaupt ließ er nicht in sich hineinblicken. Wenn er kam, empfand ich ihn als großmäulig und lärmig. Er machte meiner Schwester und mir dann viel zu aufwändige Geschenke. Ich hatte das Gefühl, er wollte mit seinem Reichtum protzen. Es kam zu keinem echten Gespräch zwischen ihm und mir.

Als ich ins Studium ging, habe ich von meiner Seite aus den Kontakt mit ihm abgebrochen. Ich schrieb ihm: „Lass mich in Ruhe! Du bist nur mein biologischer Erzeuger, nicht mein Vater!" Natürlich war ich stark mutterfixiert. Sie fand in wechselnden Affären keine innere Ruhe und machte ihr ganzes Leben hindurch meinen Vater zur vergifteten Quelle ihres

Lebensunglücks. Ich solidarisierte mich, im Gegensatz zu meiner rebellischen Schwester, mit ihr und war ihr treuer vaterfeindlicher Schildknappe."

Die Situation änderte sich, als Konrad mit zweiundvierzig Jahren das Scheitern seiner eigenen Ehe und die Trennung von seinem kleinen Sohn erlebte. Konrad: „Es war ein fürchterlicher Scheidungskrieg. Meine Exfrau hetzte den achtjährigen Jungen gegen mich auf, entzog ihn mir, wann immer sie es konnte, verleumdete mich vor ihrer Familie und ihren Freunden, schädigte mich beruflich und zermürbte mich. Ich hatte ihr allerdings durch eine mehrjährige Außenbeziehung sehr wehgetan. Ich klappte nervlich zusammen. Ich hielt das psychologische Dauerbombardement nicht länger aus, zog mich zurück und ließ, objektiv gesehen, meinen Sohn im Stich. Es war fürchterlich. Auf dem Tiefpunkt dieser Katastrophe besuchte mich mein Vater überraschend. Er war sichtlich gealtert und trug ebenfalls schweres Leid – seine Lebensgefährtin, die er über alles liebte – war innerhalb weniger Monate überraschend an einem Bauchspeicheldrüsenkrebs gestorben. Mein Vater war völlig verändert, demütig, fast scheu und öffnete sich mir gegenüber rückhaltlos."

Was Konrad jetzt von seinem Vater erfuhr, war genau seine eigene Geschichte: Auch der Vater hatte vor seiner Exfrau kapituliert und sich den ständigen Angriffen durch Flucht vor ihr – und den Kindern – entzogen. Damit hatte auch er, wie später Konrad, dazu beigetragen, als Sündenbock im Familiendrama herzuhalten. Konrad: „Wir hatten beide den gleichen Fehler gemacht. Deshalb konnte ich ihm nun auch verzeihen. Er ist mir heute lieb. Ich achte sein kompliziertes Leben, das wie meines seine Brüche, Enttäuschungen, aber auch Stehaufqualitäten hat."

Horst Petri bringt in seinem Buch *Väter sind anders. Die Bedeutung der Vaterrolle für den Mann* (2004, S. 166) diese Seite des väterlichen Sündenbockdramas so auf den Begriff: „ Väter, die zu früh aufgeben, sich gekränkt zurückziehen, ihr Interesse durch Desinteresse tarnen und den fehlenden äußeren Kontakt nicht wenigstens durch gelegentliche Telefonate, Postkarten, Briefe oder durch Geburtstags- und Weihnachtsgeschenke überbrücken, verspielen oft auf tragische Weise die Chancen einer Wiederannäherung und verewigen dadurch für alle das Leiden und den Verlust. Denn auch Kinder verlieren, unabhängig davon, wie stark der Vater verinnerlicht wurde, und die Sehnsucht nach ihm bestehen bleibt, auf

Dauer das Vertrauen und das Interesse an einem Mann, der ihre Hoffnungen endgültig enttäuscht hat und der ihnen fremd geworden ist." Weil der Vater ihnen gegenüber keine Sprache findet, wissen sie auch nichts über die schweren Scham- und Schuldgefühle, die ihn umtreiben. Hat er doch die Kinder verlassen und sein eigenes Vater-Ideal verraten.

Horst Petri zitiert einen solchen Vater in all seiner Aussichtslosigkeit (ebd., S. 170): „Etwas ist in mir für immer zerbrochen; in mir ist ein tiefes Loch; eine absolute Leere; als wenn eine Feder gesprungen wäre; es hat mich verändert. Ich bin nicht mehr ich selbst; die Leute sehen mir an, dass ich geschieden bin; ich kann mich nirgendwo mehr blicken lassen: habe Angst, verheirateten Paaren zu begegnen; wenn mich jemand auf die Kinder anspricht, könnte ich vor Scham im Boden versinken; etwas nagt ständig an meinem Selbstbewusstsein; meine Sicherheit hat einen schweren Knacks bekommen; ich fühle mich als Versager; der frühere Stolz auf meine Kinder hat sich in nichts aufgelöst; ich bin nichts mehr wert; der Gedanke an meine Kinder frisst mich auf; manchmal bin ich dem Selbstmord nahe."

Was gäbe ich selbst dafür, mit meinem längst verstorbenen Vater ein Gespräch darüber zu führen, wie er das Verlassen von uns vier Kindern empfunden hat. Immerhin hatte meine Mutter die Scheidung beantragt, und immerhin war in der damaligen ideologischen Enge einer kleinen Stadt das Verlassen einer allseits geschätzten Ärztin und Mutter von vier Kindern ein Skandal.

Es ist immer leichter, einen anderen Menschen für sein eigenes Unglück verantwortlich zu machen, als selbst das Leben verantwortungsvoll in die Hand zu nehmen. Man kann wie Leonard den Vater zum allgemeinen machtvollen Sündenbock stilisieren, weil dieser schlicht beruflich und privat attraktiver und erfolgreicher war. Leonard, Studienrat, zweimal geschieden und Vater einer Tochter mit Down-Syndrom, war geblendet vom Glanz seines Vaters und wollte es ihm gleichtun: „Mein Vater war ordentlicher Universitätsprofessor für Chemie und äußerst erfolgreich. Durch eine Reihe von Patenten wurde er reich. Er war sportlich attraktiv, ein leidenschaftlicher Segler, Tennisspieler und Skifahrer, ein klassischer *Womanizer*. Er hatte eine schöne Frau und war von biblischer Fruchtbarkeit – wir waren sechs Kinder! Ich blieb, auf Grund einer Behinderung, eher ein Schattenkind. Wegen einer Hüftgelenksluxation hinkte ich und hatte Minderwertigkeitskomplexe, vor allem gegenüber Mädchen. Meinem Vater hingegen gelang einfach alles. Er war der Siegertyp schlechthin. Ich bewunderte ihn grenzenlos. Ich wollte wie er werden."

Eben das versuchte Leonard. Obwohl sein Interesse der Musik galt – er bezeichnet sich als Cellospieler über dem Durchschnitt – schlug er das Studium der Chemie ein. Er tat sich schwer damit. Nur mit Mühe und nach einem überlangen Studium meisterte er das Staatsexamen und trat in den Schuldienst. Das Referendariat empfand er als einzige Demütigung und Quälerei. Auf die von ihm geplante glanzvolle Laufbahn eines Hochschullehrers und Forschers mit profitablen Patenten hatte er verzichten müssen. Dafür grollte er jetzt dem Vater.

Leonard: „In meiner Enttäuschung machte ich ihn schlecht. Ich bezeichnete ihn als ‚Blender' und ‚erfinderischen Zwerg' (Bert Brecht). Ich jammerte über mein Schicksal und machte irgendwie meinen Vater dafür verantwortlich. Dabei hatte ich doch selbst mein ursprüngliches Ideal, die Musik, verraten. Erst in einer Therapie erkannte ich die Überidentifikation mit meinem Vater. Sie bestand gerade darin, dass ich ihn zum Sündenbock für die Niederlagen meines Lebens machte. Dabei liebe ich doch meine warmherzige Tochter und habe zu meinen beiden früheren Frauen ein gutes Verhältnis hingekriegt. Ich genieße jetzt mit meiner dritten Frau die nachberufliche Ära."

Leonard hatte seine hoffnungslose Lage durch Überidentifikation mit seinem Vater kompensiert. Die Idealisierung des Vaters bedeutet in diesem Fall eine Selbstentlastung und Selbstaufgabe solcher Söhne. Auch Ernst von Schiller, der zweitgeborene Sohn des berühmten Dichters, zerbrach an der Idealisierung seines Vaters, zu der ihn seine Mutter angestiftet hatte. Der Jurist haderte mit seiner mittelmäßigen Karriere und starb früh mit 44 Jahren. Hilde Lermann analysiert in dem von ihr herausgegebenen Buch *Schillers Sohn Ernst. Ein Psychogramm in Briefen* (Frankfurt 2002, S. 10 f.) die Todesentrückung des schwer leidenden Vaters: „Für die Kinder war der Vater in den Olymp aufgestiegen und tafelte mit den Göttern. Denn nach Ansicht seiner liebenden Frau war er schon zu Lebzeiten ein Gott geworden, an den kein Mensch jemals würde heranreichen können. ... Für Ernst von Schiller war und blieb der Vater sein Leben lang unsterblich. Niemals würde er ihn hassen und ihm seine unerreichbare, erdrückende Größe heimzahlen. Er war noch nicht neun Jahre alt, als sein Vater starb."

Horst Petri sagt dazu (ebd. S. 84): „Indem sie ihren Vater blindlings bewundern, werden sie zu einem Teil von ihm und partizipieren an seinem Ruhm. Statt auf der Suche nach eigener Identität die Idealisierung des Vaters aufzugeben, sich zu lösen und abzugrenzen, bleiben sie ewig gebunden. Das Dilemma liegt darin, dass die verdrängte Aggression auf Dauer gegen das eigene Ich gerichtet wird. Solche Söhne zeichnen sich oftmals durch eine allgemeine Gehemmtheit, Ängstlichkeit und ein schwaches Selbstvertrauen aus, wodurch die Entwicklung ihrer ursprünglichen Anlagen und Fähigkeiten zusätzlich behindert wird."

Petri könnte das Folgende ebenso über meinen Klienten Leonard geschrieben haben, so exakt passt dieses Bild: „Besonders beeindruckt bin ich immer wieder von folgender Beobachtung bei der Behandlung von heranwachsenden Söhnen beruflich recht erfolgreicher Männer: Die Überidentifizierung verleitet sie unbewusst dazu, den gleichen oder einen ähnlichen Beruf wie den des Vaters zu erlernen. Dabei geraten sie erst in dem Augenblick in eine Krise, in dem sie, zum Beispiel aus Anlass eines bevorstehenden Examens, realisieren müssen, dass die Fußstapfen, in die sie treten wollten, zu groß geraten sind. Wenn man im Verlauf der Therapie genauer nachforscht, haben diese Söhne in ihrer Kindheit und Jugend Interessen und Begabungen entwickelt, die völlig konträr zum Beruf des Vaters und ihrem jetzigen Berufswunsch standen. Sie wurden unter dem Eindruck des väterlichen Vorbildes restlos aufgegeben." Der Sohn als Komplementär-Narzisst.

Letztlich läuft es immer auf das heraus, was ich in meiner Praxis als Maxime in Postergröße aufgehängt habe: „Schuld abladen verboten". Der bereits erwähnte Andreas Altmann (*Das Scheißleben meines Vaters, das Scheißleben meiner Mutter und meine eigene Scheißjugend*, S. 252 f.) formuliert es drastisch: „Ich wollte nie zum ambulanten Tränensack mutieren. Irgendwann musste Schluss sein. Irgendwann muss ein Mann ein Mann werden, muss sich zwischen einem Leben als Opfer oder Täter entscheiden. Ich kann Opfer nicht ausstehen, ich war selbst zu lange eins. Ich mag die Renitenten, die *cut* (Schnitt – M. J.) sagen und eine andere Richtung einschlagen."

So sehen es auch der Sänger Xavier Naidoo und der Sohn des Altkanzlers, Walter Kohl. Sie haben sich gemeinsam dem Vaterthema im Interview gestellt (in: *Rolling Stone,* Juni 2011). Der Vater des 1971 in Mannheim geborenen Sängers Naidoo stammt aus Sri Lanka, seine Mutter aus Südafrika. Xavier begann seine Gesangskarriere in Schul- und Kirchenchören. Er wurde bekannt als Mitglied der Band *Söhne Mannheims* und engagiert sich gegen Rechtsextremismus und Rassismus. Mit vielen Alben, unter anderem der *Barrikaden von Eden*, mit den *Söhnen Mannheims* ist er einer der beliebtesten Sänger hierzulande. Er hatte es nicht nur wegen seiner Hautfarbe, sondern auch mit seinem Vater nicht leicht. Naidoo: „Mein Vater ist 1992 gestorben. Er war ein Heimkind, hat also nie wirklich Liebe von seinen Eltern bekommen und konnte mir das auch nicht so geben. Er war zuckerkrank, schnell aufbrausend und Schichtarbeiter. Ich musste also immer sehr leise sein zu Hause, und wenn wir laut waren, dann hat er auch mal meine Freunde beschimpft. Da habe ich immer recht schnell Probleme mit ihm gehabt. Ich glaube, ich bin auch Künstler geworden, weil ich keinerlei Anerkennung von meinem Vater bekommen habe."

Macht Naidoo seinen Vater zum Sündenbock? Nein. Im Gegenteil, er liebte ihn und hat Verständnis für sein schweres Leben und den noch schwereren Tod. Naidoo: „Mein Vater ist bald nach seiner Pensionierung sehr schnell schwer krank geworden. Ich habe mit achtzehn den Führerschein gemacht und ihn immer zur Dialyse gefahren. Damals war er nur noch eine halbe Portion Mann, da war es einfach nicht mehr angebracht, diesen Groll gegen ihn zu hegen. Er hat dann eine Entscheidung gefällt, die mir viel Respekt abgenötigt hat, die uns wirklich noch einmal zusammengebracht hat, als er sagte, er will nicht mehr zur Dialyse. Die Ärzte haben gesagt, dann ist er in drei Tagen tot."

Naidoo hat diese sokratische Würde, mit der sein Vater den Tod annahm, respektiert und wohl auch bewundert. Er erinnert sich an die letzten Stunden mit seinem Vater: „Er hatte keine Lust mehr, künstlich am Leben erhalten zu werden. Aus diesen drei Tagen wurden dann elf, weil er ein sehr starkes Herz hatte. Das war eine sehr intensive, fast beengende Zeit, auch weil mein Vater bei uns zu Hause gestorben ist. Die letzte Nacht, als er nur ein paar Kilo wog, setzte so ein Schluckauf ein, der den ganzen Leib auseinanderzureißen drohte. Da habe ich gesagt: ‚Mutter, leg dich ins Wohnzimmer, ich leg mich jetzt zu ihm', und habe meinen Vater in den Arm genommen und ihm alle Lieder vorgesungen, die mir eingefallen sind, die ganze Nacht lang. Vielleicht war es das erste wirkliche Zusammenkommen, und ich merkte, mein Vater wollte und hätte gern noch was gesagt, aber er konnte nicht mehr. Das war für das, worunter ich Versöhnung verstehe, die richtige Versöhnung zwischen Vater und Sohn. Mein Vater ist am Morgen nach dieser Nacht gestorben."

Diese Ambivalenz, diese Liebe trotz der erfahrenen Demütigungen und Frustrationen erinnert mich an die Biografie „Room full of Mirrors" (Raum voller Spiegel – M. J.) über den Musiker Jimi Hendrix von Charles Cross, die mich berührt hat. Der weltberühmte Gitarrist hatte einen Vater, der als gestrandete berufliche Existenz jahrelang abwesend war, soff und prügelte. „Manchmal war er so voll", erinnert sich Jimis Bruder Leon, „dass er vergaß, wofür er uns auspeitschte". Die Wohnung war chronisch schmutzig, die Kinder hungerten. Natürlich war Jimi ein Schulversager. Auch die Mutter trank und hatte Affären mit anderen Männern. Jimis Vater fand die Vorstellung seines Sohnes, Musik zu machen, „Scheiße. Er sagte wortwörtlich, Musik sei ‚Teufelszeug'." Und doch liebte Jimi Hendrix, auch nachdem er zu Weltruhm gelangt war, seinen gefühlsstarken und am Leben verzweifelten Vater. So beendete er einen Brief mit den Worten: „Solange es Dich gibt, ist bei mir alles gut, weil Du mein lieber Dad bist, und ich werde Dich immer lieben ... Immer ... Alles, alles Liebe von der ganzen Welt, lieber, lieber Dad, von Deinem Dich liebenden Sohn (ebd., S. 88)."

Auch Walter Kohl hat unter seinem Vater gelitten. „Er bleibt mein Vater, aber er ist weit weg", heißt es einmal in seinem – verdienten, weil noblen – Vaterbestseller *Leben oder gelebt werden, Schritte auf dem Weg zur Versöhnung* (2011). Dieser Vater hat sich von ihm losgesagt. Er hat ihn nicht zu seiner zweiten Hochzeit mit Maike Richter eingeladen, und auf die Frage, ob er noch mit ihm Kontakt wünsche, mit „Nein" geantwortet. Das wäre eigentlich für die Söhne ein nachvollziehbarer Grund, den Vater in den Orkus der Verachtung und des Vergessens zu stürzen. Nicht so Walter Kohl. Auch ein Mann von problematischer Vaterqualität ist in seinen überwältigenden anderen Persönlichkeitsfacetten zu achten. Walter Kohl: „Mein Vater ist ein politisches Ausnahmetalent, vielleicht vergleichbar mit einem Weltklassesportler oder einem extrem begabten Musiker, egal ob Cellist oder Rapper … Er war zentraler Gestalter der Wiedervereinigung und bei der politischen Einführung des Euro. Das gilt es zu respektieren, zu würdigen, und das tue ich auch. Es ist aber auch wahr, dass es auf anderen Feldern eben schwieriger für ihn war. Genau an diesem Punkt beginnt mein Ansatz der Versöhnung, nämlich in der Akzeptanz aller Seiten eines Menschen und in der Definition einer eigenen Sicht, die ohne Schmerz ist und von innerem Frieden geprägt wird."

Und: „Im Grunde habe ich nie in sein Denken gepasst", analysiert Sohn Walter, der in seiner Massigkeit dem Altkanzler wie ein Ei dem anderen gleicht, das schmerzliche Desinteresse seines autoritären und berufsbedingt chronisch abwesenden Vaters. Aber, so erläutert er seine Versöhnlichkeit: „Heute kann ich meinen Vater so akzeptieren, wie er ist. Auf diesem Fundament innerer Akzeptanz habe ich meinen Frieden mit ihm gemacht. Er war nie ein Vater wie andere Väter, er war immer ein Sonderfall. Aber alles Vergleichen, sämtliche daraus von mir abgeleiteten Ansprüche waren unsinnig. Meine alten Sichten führten mich nur ins Opferland ... Ja, es war ein schwerer Weg für mich, einen so ungewöhnlichen Menschen wie ihn als Vater zu akzeptieren. Jeder Mensch kommt mit einem Rucksack auf die Welt, mit einer Bürde, an der er vielleicht ein Leben lang zu tragen hat. Meine Bürde ist meine Herkunft, mein Name."

Walter Kohl ist selbstkritisch. Wo steht denn geschrieben, dass Väter nicht auch mit uns Ärger, Verdruss und Enttäuschung hatten? Walter Kohl: „Sicher habe ich ihn manchmal enttäuscht – mein eigener Querkopf, auch darin sind wir einander verwandt, war nicht immer mein bester Ratgeber. Für die Verletzungen, die ich ihm zugefügt habe, übernehme ich heute die Verantwortung, diese Fehler tun mir leid." Bei der aufwühlenden Lektüre von Kohls Vaterauseinandersetzung ist mir besonders schmerzlich eines klar geworden: Wofür möchte, wofür müsste ich meinen Vater um Verzeihung bitten: für *mein* Verhalten, *meine* Lieblosigkeit, *meine* Rückzüge, *mein* Unverständnis. Lieber Bruder Mann, gilt das nicht für uns alle als Söhne?

Walter Kohl hat, wie er so schön sagt, das *Opferland* verlassen, weil er durch einen Coach sein inneres Kind entdeckt hat. Er beendet das Interview in der Zeitschrift *Rolling Stone* mit der Einsicht: „In uns ist eben auch immer ein Stück Kind. Und mein Buch plädiert dafür, dieses innere Kind anzunehmen. Besonders wenn dieses Kind Verletzungen hat und mit Ecken und Kanten ausgestattet ist, sollte man es annehmen und nicht irgendeinem Idealbild hinterherhecheln. Die Frage lautet: ‚Wie kann ich mein Glück trotzdem finden, mit dem was mir gegeben ist? Wie kann ich aus meinen Wunden Perlen machen?"

Ist es wahrhaftig, einen Vater (oder eine Mutter) zum Sündenbock für die eigene Passivität zu machen und sich aus der Verantwortung für das eigene Leben zu stehlen? Der Wiener Universalkünstler

André Heller, vierundsechzig, litt unter dem lieblosen Vater, einem reichen Bürger, und der eisigen Trostlosigkeit in einem geistlichen Internat. Hinzu kam noch der sexuelle Missbrauch durch einen Pater. Trotzdem erkennt er (in einem Interview mit der *Süddeutschen Zeitung* (12/13. 2. 2011): „Es ist beglückend, zu beobachten, wie sich ein Mensch entwickelt, der von Anfang an in bedingungslose Liebe gebettet ist. Mein Sohn ist ein genauer, nobler, herzensgebildeter und hochbegabter weltoffener Mann geworden. Er kann gut zuhören, und er kann gut erzählen. Ich hingegen habe mich anfangs sehr gequält mit mir selbst und den Eltern, die mir allerdings eindrucksvoll vorgelebt haben, wie es garantiert nicht geht. Wir müssen heraus aus zweitausend Jahren katholisch-jüdischen Prägungen: Sünde versiegelt, Krankheit als Weg, Not . . . Warum sollte man nicht durch Freude eine Tiefe erreichen?"

Es sei nicht gut, heißt es in diesem Interview, jahrelang den Eltern die Schuld an seinem eigenen Versagen zu geben, bis man, bildlich gesprochen, so weit sei, sich den Hintern selbst abzuwischen. André Heller: „Von der Grundidee her ist man, glaube ich, gut beraten, sich noch einmal ohne Vater und Mutter selbst auf die Welt zu bringen. Und keinen Schuldigen zu suchen . . . Ich will keine Ausreden mehr. Das heißt: Zuständig bin ich. Der Einzige, bei dem ich mich beschweren kann, bin ich. Nicht meine Kindheit trägt Schuld, nicht meine Familie, nicht meine Lehrer und schon gar nicht meine Kritiker." Hellsichtig gab Heller einem seiner schönsten Bücher, der Geschichte des vereinsamten Jesuitenschülers Paul und seines jüdischen Vaters, des Wiener Süßwarenfabrikanten und Kommerzialrates Silberstein, den Titel *Wie ich lernte, bei mir selbst Kind zu sein* (Frankfurt am Main, 2008, 3. Auflage).

Er lässt seinen kleinen Anti-Helden Paul in dieser meisterlichen erzählerischen Miniatur im Traum mit seinem Vater versöhnen (S. 127): „In der Nacht träumte ich, dass Vater in einem Waggon des Wiener Riesenrades mit einer weiß gekleideten Braut Billard spielte. Er wirkte gut gelaunt und souverän, wie ich ihn zu Lebzeiten nie gesehen hatte. Das Merkwürdigste waren aber seine Hände, denn an jedem Finger trug er zwei bis drei Eheringe. Während des Traumes empfand ich eine tiefe Zuneigung für ihn, und am Morgen nach dem Aufwachen musste ich die Peinlichkeit niederkämpfen, die mir diese Erfahrung bereitete. Ich fürchtete sogar, irgendjemand könnte in meinen Traum geschaut haben und würde mich der insgeheimen Sympathie für den Kommerzialrat Roman Silberstein überführen."

Sicherlich haben uns unsere Eltern sowohl mit Hypotheken belastet als auch mit ihrer Mitgift beschenkt. Aber letztlich werden wir selbst zu Schöpfern unseres erwachsenen Ichs. André Heller im Interview: „Man kann nicht ständig als Nichtschwimmer Matrose werden und dann noch dafür sorgen, dass das Schiff nicht untergeht. Man wird als Entwurf eines Menschen geboren und muss schauen, dass man daraus einen wirklichen Menschen macht."

Mitgift

*Alle fehlen wir darin alltäglich, dass wir Wohltaten und
Freundlichkeiten aufschlucken wie ein sandiger Boden das
Wasser. Das Bestreben, uns dankbar zu erweisen, ist keine
Triebkraft in unserem gewöhnlichen Leben.*
Albert Schweitzer
Straßburger Predigten 1900/1919
27. 07. 1919

Das Stichwort ist gefallen: *Vatermitgift*. Von meinem
Vater habe ich, wie bereits früher gesagt, trotz meines inneren Widerstandes, viel mitgenommen. Seine
Aufopferung und Menschenliebe in seinem helfen-
den Beruf. Seine Solidarität mit den Arbeitenden. Er
bekannte: „Wenn ich auf einer einsamen Insel leben
müsste und mir dafür Menschen als Gefährten aus-
wählen dürfte, würde ich mir meine handfesten
Männer vom Roten Kreuz erwählen. Keiner von
ihnen hat studiert, keiner hat Abitur, aber alle sind
sie aufrecht und haben ein goldenes Herz." Würde
ich, wie mein Vater, um drei Uhr nachts zu Hilfeleis-
tungen für einen leidenden Menschen aufstehen?
Außerdem war er sportlich, manuell geschickt, auch

in der Kleinen Chirurgie. Das fehlt mir alles. Als seine Mitgift empfinde ich die gleichbleibende Freundlichkeit, seinen Schalk, seine Freude an Witzen, sein fröhliches Westfalentum, seine Sonnenliebe, seine Musikalität und seine hohe erotische Neigung. Er war liberal, lehnte die Bevormundung durch die Amtskirchen ab. Er las gerne und brachte die Hunde in unsere Familie.

Haben wir Anspruch auf ideale Eltern? Ist das nicht ein Ideal, zwar motivierend, aber eben nicht erreichbar, gleich den Sternen, die den Seefahrern früher zur Orientierung dienten? Theodor Seifert und Ang Lee Seifert haben (in: *Vater und Mutter ehren. Der Weg zu Autonomie und Lebensglück*, ebd. S. 134) diese moralischen Ansprüche als kompensatorische Projektionen enthüllt. Weil ich als Kind so klein und ohnmächtig bin, müssen die Eltern riesengroß und allmächtig sein: „Von jedem anderen Menschen kann ich hinnehmen, dass er nicht vollkommen ist, doch von meinen Eltern habe ich, wenn auch wahrscheinlich nicht bewusst, doch auf einer tieferen Ebene absolut erwartet, dass sie fehlerfrei und durch und durch integer sind. Die Eltern haben für das Kind wie Gott zu sein. Sonst kann es sich nicht vollkommen vertrauensvoll ins Leben einlassen, muss immer auf der Hut sein."

Dabei sind Eltern fehlbare Menschen und deshalb verzeihensbedürftig wie wir selbst: „Wir dürfen auch uns selbst vergeben, dass wir nicht vollkommen sind, Fehler begehen, uns täuschen, Notlösungen suchen, Notlügen erfinden, um das Leben erträglich zu gestalten. Unsere Eltern sind nicht besser als wir, wenn wir das als kleine Kinder auch gerne geglaubt haben. Aber wir sind auch nicht besser als sie. Wenn wir selbst Eltern sind, dann haben wir dies bereits leidvoll erfahren. Oder welche Mutter, welcher Vater hat nicht schon manchmal inbrünstig gewünscht, sie oder er hätte sich in dieser oder jener Situation seinem Kind gegenüber anders, besser, einsichtiger, verständnisvoller gezeigt und danach gehandelt?"

Deshalb können und dürfen wir auch durchaus unsere Eltern ehren, auf dass wir, biblisch gesprochen, lange leben auf Erden. Auch wir wollen doch, trotz unserer Fehler und Versäumnisse, geehrt werden. Wir stürzten sonst in den Abgrund der Entwertung. Umso aufregender und erfreulicher ist es, was fast alle Männer positiv an ihrem Vater würdigen. Das lässt sich in seiner Fülle hier nicht alles wiedergeben, stellvertretend möchte ich aber dennoch einige Söhne zu Wort kommen lassen.

Wolf, siebenundsechzig, fühlte sich mit seinem vor über zwanzig Jahren verstorbenen Vater immer entspannt und gut gelaunt. Er hätte ihm ohne Zweifel Intimes anvertraut. Zwar hatte der selbstständige Handwerksmeister nicht viel Zeit für die vier Kinder, aber wenn er sich ihnen widmete, war es schön. Mitbekommen hat er von diesem erotischen und gefühlsstarken Vater eine „positive Einstellung zum Leben, Geborgenheit, kostbare innere Haltung, handwerkliches Vorbild, Einsatzfreude, Treue zur Familie, Zufriedenheit trotz angespannter Finanzsituation". Der Vater war katholisch, die Mutter evangelisch. Sie überbrückten die konfessionelle Differenz mit Liberalität. Genau das praktiziert Wolf auch heute mit seinem erwachsenen Sohn: „Ich versuche auch ihm ein Vorbild zu sein. Ich weise ihn auch immer darauf hin, dass er seine eigene Genkombination einsetzen muss, um glücklich sein zu können."

„Die jungen Ochsen lernen das Pflügen von den alten", sagt das Sprichwort. Das trifft besonders auf Tilman zu, der mit hohem Idealismus in einer christlichen Dorfkommunität mit sozusagen urkommunistischen Besitz- und Verteilungsprinzipien arbeitet: „Mein Vater scheint eine starke Autorität mit Führungseigenschaften zu sein. Er war ja um die dreißig Jahre lang Leiter unserer Gemeinde." Der Vater ist inzwischen über achtzig Jahre alt, immer noch neugierig und steht in der Arbeit. Tilman: „Ich denke, er musste sich alles hart erarbeiten. Über die Lehrerbildungsanstalt, Krieg, Gefangenschaft im tschechischen Lager, Knecht beim Bauern, kaufmännische Ausbildung zum Stellvertreter und Exportleiter einer Firma. Als er die Überzeugung hatte, seine Lebensaufgabe sei hier in der Gemeinschaft, hat er den gut bezahlten Platz, trotz der verlockenden Angebote zu bleiben, aufgegeben und ist mit der ganzen Familie, einschließlich seiner Eltern, hierhergezogen und hat sich mit dem halben Lohn zufriedengegeben."

Der Vater – die Mutter ist inzwischen tot – lässt seine Kinder seine Liebe spüren und hat sich um vertrauensvolle Gespräche bemüht: „Er hat versucht, immer nach seinen Idealen zu leben. Er hat sich in seine ‚Lebensaufgabe' ganz hineingestellt, ohne Wenn und Aber. Er hat an sich selbst viel gearbeitet. Er hat sich fit gehalten. Ich hatte Rückhalt bei meinen Eltern. Natürlich gab es auch weise Ratschläge, die ich in meinem jugendlichen Eifer nicht durchführen konnte. Ich werde es nie vergessen: Von seinem Vorgänger hatte mein Vater die Gedanken des biologischen Landbaus und der Vollwerternährung übernommen, ja er war sehr daran beteiligt. Ich wurde dann fünf Jahre zum Begründer des organisch-biologischen Landbaus in die Schweiz geschickt zum Erlernen desselben. Genau in dieser Zeit musste mein Vater plötzlich die Gesamtleitung übernehmen. Und bei uns waren massive Widerstände gegen das ‚neuartige Zeug'. Bio ist was für Hobby-Gärtner; und was zum Munde eingeht, verunreinigt der Mensch nicht. Plötzlich war ich der, der den biologischen Landbau bei uns vorwärtsbringen sollte. Ich war menschlich völlig ungeeignet. Ich kann kaum Menschen gewinnen. Es gab unheimliche Spannungen. Da war mein Vater vom Prinzip her hinter mir. . . . Etwas später kam dann die Sache mit Dr. Bruker dazu. Gott sei Dank habe ich dann 1990 eine Ausbildung zum Gesundheitsberater bei der GGB gemacht." Tilmans Fazit: „Ich wäre gern so ein Vater, wie meiner war. Ich fühle mich im Vatersein mit meinen Kindern überfordert. Ich handele und reagiere weit ab von meinen theoretischen Idealen."

Fleiß und nüchternen Lebensrealismus ohne esoterische Schwafelei verdanken viele Söhne ihren wortkargen, aber lebenstüchtigen Vätern. Ein schwäbischer Bäckermeister zitierte einmal in meiner Sprechstunde die beiden schönsten Lebensmaximen seines Vaters, der ebenfalls Bäcker gewesen war:

„Am Schaffe isch no koiner g'schtorbe." Und: „Alles, was schnauft, schnauft o'weigerlich em letschte Schnaufer zu." Über sein Ehegefährtin habe er knapp bekundet: „Mei Frau isch a Tiefkühltruh."

Gerald, ein zweiundsiebzigjähriger emeritierter Professor, der sich in der Betreuung alter Menschen engagiert, ist bis jetzt „noch gar nicht auf den Gedanken gekommen, meinem Vater zu verzeihen oder mich mit ihm zu versöhnen. So weit bin ich noch nicht in der Entwicklung meiner Beziehung zu ihm." Sein Vater, schreibt er, sei autoritär gewesen und habe mit seiner Frau herumgeschrien. Es gab zwar wenig direkte Zuwendung, aber doch rühmt Gerald die entscheidende väterliche Mitgift: „Er verbreitete bei uns ein Gefühl der Geborgenheit. Seine Werte waren Arbeitshaltung, Ausdauer, Fleiß, Zuverlässigkeit, Hartnäckigkeit."

Man kann eine Vaterbeziehung als „ungenügend" benoten, wie ich selbst, und doch Wertvolles mitgenommen haben. Berthold vermag es nicht, die Rollen zu wechseln und aus der Sicht seines eigenen Vaters dessen Leben zu erzählen mit seinen Leistungen und Niederlagen. Er lässt mich wissen: „Mein Vater ist ein großer Unbekannter. In seine Rolle konnte ich nicht schlüpfen." „Ungenügend" sei die

Beziehung gewesen, ohne ein gutes Grundgefühl und vertrauensvolle Intimitäten. „Du warst kein Vater", würde er heute dem Vater zurufen. Und doch schätzt er Wichtiges an ihm: „Werte, Bildung, kostbare innere Haltung, handwerkliches Geschick."

Julian, 25 Jahre alt, möchte nichts von einem *Rabenvater* wissen: „Ich habe ein sehr entspanntes Verhältnis zu meinem Vater. Ich kann immer zu meinem Vater kommen, wenn ich etwas von ihm möchte. Sei es, wenn ich ihn um Rat frage oder Hilfe von ihm benötige. Ich habe keine Hemmungen, meinem Vater Intimes anzuvertrauen. Ihm kann ich vertrauen, so wie er mir. Ich bin sehr dankbar für das, was mir mein Vater mitgegeben hat. Man kann schon sagen, dass ich stolz auf meinen Vater bin." Ihm verdankt er seine technische und musikalische Begabung und auch seine Menschlichkeit: „Mein Vater ist ein Allroundtalent. Wenn es irgendwo ein Problem gibt, kennt er eine Möglichkeit, es zu beheben. Das ist eine Eigenschaft, die ihn als Vater auszeichnet." Dem dürften die Ohren klingeln, wenn er die Liebeserklärung seines Sohnes liest, der sich im Augenblick noch mit seinen spätpubertären Wirren, alkoholischen Wochenendexzessen und Mädchenproblemen herumschlägt. Aber er ist ein feiner Junge, den ich gerne berate. Ich muss dabei an Martin

Luther (1483 – 1546) denken, der in einer seiner *Tischreden* gutmütig erläutert: „Ein junger Mensch ist ein junger Most; der lässt sich nicht halten, er muss gären."

Ganz entspannt war Wieland mit seinem Vater nie. Er hatte zu viel Respekt vor ihm. Er war mehr ein guter Lehrer als ein Vater. Über Außenbeziehungen, Sexualität und Eheprobleme hätte er mit dieser moralisch unantastbaren Instanz nicht sprechen können: „Bei ihm durfte es nur eine heile Welt geben." Wieland erinnert sich an die ersten fünf Jahre mit Dankbarkeit, „seitdem er ab meinem siebten Lebensjahr verschwand, prägte mich eine Emotion der Gefühls- und Erinnerungslosigkeit. Schön waren unsere gemeinsamen Wald- und Wiesentouren auf seinem Fahrrad mit Hilfsmotor, als ich vier bis fünf Jahre alt war. Bitter war sein sang- und klangloses Verschwinden. Weil es das nicht geben durfte in seiner feinen, gebildeten (adeligen – M. J.) Familie, wurde darüber auch kein Wort verloren." Eine ungenügende emotionale Bindung also, aber geistige Inspiration.

Wieland verdankt diesem entschwundenen Vater Beachtliches: „Humanismus. Er war sozial mitfühlend und pazifistisch. Achtung vor Schöpfung, Bildung – vieles, das ihn interessierte, prägte meine Interessen und Talente: Biologie, Physik, Astronomie, Mythologie, Offenheit für alle Religionen, Liebe zur Schöpfung. Er war gebildet, belesen und gepflegt, charmant und respektvoll gegenüber Frauen, bescheiden und ohne Eitelkeiten." Wieland weiß heute: „Ich hätte mehr Kontakt suchen können. ‚Bitte, lieber Vater, kannst du mir verzeihen, dass ich nicht mehr Kontakt zu dir gesucht habe, als du noch lebtest?' Trotz allem – du warst der beste Vater für mich und ein wunderbares Vorbild!" Wieland selbst vermag noch heute nicht, seinen eigenen Sohn zu umarmen und zärtlich zu ihm zu sein: „Ich konnte ihn noch nicht um Verzeihung bitten, dass ich ihn auch so früh verlassen habe." Wieland betrachtet seine Vaterwunde heute weitgehend als geheilt. Er hat Mitgefühl mit seinem Vater: „Ich weiß, dass er es noch viel schwerer hatte als ich. Er hatte seine erste Frau, die Mutter meiner älteren Schwester, im Krieg durch Luftangriff verloren. Er hat kaum etwas über seinen eigenen Vater erfahren. Das ist keine Vaterwunde, sondern eine Vateramputation."

Wo enger Kontakt zwischen Vater und Sohn ist, gibt es auch Spannungen. Justus geriet als Ökofan, Kriegsdienstverweigerer, Ostermarschteilnehmer und Willy-Brandt-Anhänger in Reibungen mit seinem Vater: „Aus heutiger Sicht fehlte manchmal die menschliche Wärme, das Verständnis für das andere Denken, die Gelassenheit, daran muss auch ich selbst immer wieder arbeiten." Überdies litt der Vater, als Justus neunzehn Jahre alt war, an einer lang andauernden Depression. Die Familie wusste damit nicht umzugehen, zumal damit auch finanzielle Nöte verbunden waren. Vaters Verdienst war es, dass er den Sohn bei seinem Gymnasiumbesuch und Chemiestudium einschließlich Promotion unterstützte, „während meine Mutter eher für einen ‚einfacheren' Ausbildungsweg gewesen wäre." An Justus' grüner Philosophie ist der Vater nicht ganz unschuldig: „In den frühen Jahren musste ich oft mit aufs Feld und die Wiese, obwohl am Samstagnachmittag interessante TV-Sendungen liefen. Da gab es keine große Widerspruchsmöglichkeit. Das hat mir letztlich aber auch Spaß gemacht, Äpfel und Kartoffeln zu ernten, was bis heute geblieben ist. Ich habe keinen Groll, vielleicht auch deshalb, weil ich ihn in der Depressionsphase als hilflosen Menschen wahrgenommen habe und ich schnell Dinge regeln musste, die er sonst geregelt hat."

Was Justus dem Vater verdankt? „Er hat mir mitgegeben, ehrlich, gewissenhaft zu sein, auch wenn dies vielleicht als ‚uncool' galt." Mitgegeben habe ihm der Vater auch „Wertvorstellungen, Möglichkeiten zur Bildung, seine Meinung zu vertreten, auch wenn es schwierig ist." Sein kombinierendes und analytisches Denken, seine Gewissenhaftigkeit und Verlässlichkeit imponiert ihm nach wie vor. Wie die meisten Männer trauert Justus auch den versäumten Gelegenheiten der Vater-Sohn-Liebe nach. Justus sagt es so: „Ich war traurig darüber, dass ihn der Tod dann so schnell eingeholt hat und keine Zeit mehr für Gespräche war. Und dass aus meiner Sicht sein Leben ein nicht ‚vollständig gelebtes' Leben war. Das Genießen war bei ihm oft nicht erkennbar. Hier fällt mir der Satz von Konstantin Wecker ein: ‚Wer nicht genießt, wird ungenießbar'. Manchmal, ganz selten, gilt dies auch für mich."

Wenn Justus posthum für seinen Vater zu sprechen hätte, dann würde er sagen: „Ich habe immer viel gearbeitet, so dass die Familie ein gutes Auskommen hatte, ich war fair, habe mich korrekt verhalten, habe niemanden betrogen oder belogen. Ich habe mich in Vereinen an vorderer Stelle aktiv eingebracht, ich habe ein gutes Ansehen in meinem Heimatort. Ich kann über meine Gefühle nicht gut sprechen, obwohl ich Trauer stark empfinden und auch weinen kann. Über meine Depression möchte ich nicht sprechen, sie hat es noch schwerer gemacht, Gefühle zu artikulieren. Ich wollte oft meinen Willen durchsetzen, ohne auf die anderen zu achten. Ich brauchte Lob und Anerkennung, obwohl ich dies selbst nur wenig an andere weitergeben kann. Ich habe gedacht, ich wäre meinen Söhnen ein guter Vater, habe mich aber zu wenig in sie eingefühlt."

Da rühmt ein anderer Mann die Sportlichkeit seines Vaters noch im hohen Alter, ein weiterer erinnert sich, wie der Vater märchenlesend und streichelnd an seinem Krankenbett gesessen habe. Ein Dritter wird sich nach dem Tode des Vaters erst klar, wie uneigennützig dieser war: „Du warst fünfundsechzig und hattest eine schwere Arthrose. Das hat dich aber nicht davon abgehalten, dich tagtäglich als gelernter Schreiner an meinem Hausbau zu beteiligen, obwohl du sichtlich Schmerzen hattest. Ohne ein Wort des Dankes hören zu wollen, hast du deine Lebensversicherung aufgelöst und das ganze Geld in mein Haus gesteckt. Den Führerschein für alle meine drei Kinder hast du dir buchstäblich vom Munde abgespart. Du gönntest dir selbst kaum etwas."

Ein vierter Sohn erinnert sich an seinen opernbegeisterten Vater mit den Worten: „Du hast auf der Bühne des kleinen Bürgersaals in unserem Dorf deutsche und italienische Opernarien gesungen mit einem schmelzenden Tenor voll weichem sanftem Gefühl, und dein Freund begleitete dich auf einem billigen und meist etwas verstimmten Piano. Die Lieder hast du dann auch mir beigebracht und mich in den Gesangverein mitgenommen. Heute singe ich selber, ebenfalls mit Klavierbegleitung, auf Amateurvorstellungen. Du hast mich immer gelobt und mich selbstbewusst gemacht."

Ein fünfter Sohn erinnert sich begeistert an das Bauen von Modellflugzeugen unter Anleitung seines Vaters. Das Thema hat ihn nie losgelassen. Heute ist er selbst Ingenieur in der Flugzeugindustrie: „Du konntest mich so begeistern! Wir sind zu Flugvorführungen und Flugzeugausstellungen gegangen, haben Fachzeitschriften studiert und nebenbei hast du, Autodidakt, der du warst, mir Grundbegriffe der Flugphysik beigebracht." Ein sechster Sohn beschreibt voller Faszination, wie sein Vater allein mit ihm mit einem Kanu die Lahn stromabwärts fuhr und sie am Abend miteinander das Zelt aufbauten, Fische fingen und sie auf einem kleinen Grill rösteten: „Ich war zwölf. Am schönsten war es, wenn ich mich nachts eng zu dir kuschelte und du deine mächtige linke Pranke beschützend über mich legtest. Da hätte ich mich nicht einmal vor einem Dinosaurier gefürchtet. Du warst ja bei mir!"

Die gefühlte Liebe eines Vaters ist die größte und urwüchsigste *Vatermitgift* für einen Sohn. Sie ist tief im Gefühl verankert und gedeiht auf den Urgründen der Seele. Sie blüht selbst dann noch, wenn der Vater geistig nicht mehr erreichbar ist. Der Publizist und Fernsehdokumentarist Tilman Jens hat dies in seinem kleinen Büchlein *Demenz* (2. Auflage 2009, S. 140) einfühlsam beschrieben. Ich habe seinen Vater Walter Jens, den berühmten Rhetorikprofessor aus Tübingen, selbst als Student auf einer Gastvorlesung im Audimax der Bonner Universität als sprühend geistreichen Redner kennengelernt. Schlank, schmal, beeindruckend schön und enzyklopädisch gebildet. Vom Fußball bis zum Ödipusdrama war diesem *homme de lettres* nichts fremd.

Auf Grund eines verheerenden Medikamentenmissbrauchs geriet der über achtzigjährige depressiv gewordene Gelehrte in den Zustand der Demenz. Er selbst hatte in einer berühmt gewordenen Streitschrift, zusammen mit dem kritischen katholischen Theologen Hans Küng, für einen freibestimmten Tod angesichts des drohenden Gedächtnisverlustes plädiert (*Menschenwürdig sterben*, 1995). Nun kam es anders. Aber trotz der äußerst geistigen Reduktion des Mannes, der nicht mehr lesen, sich nicht erinnern und keinen vollständigen Satz formulieren kann, gibt und nimmt er noch Liebe. Die schwäbische Bauersfrau Margit ist seine Tagesbetreuerin geworden und nimmt ihn häufig auf ihren heimatlichen Bauernhof mit.

Sohn Tilman empfindet Glück im Unglück: „Der Vater, den ich kannte, der ist lange schon gegangen. Der Abschied, der mit einem Störfall im Gedächtnis ... begann, war bitter und hat wehgetan. Aber jetzt, da er fort ist, habe ich einen ganz anderen Vater entdeckt, einen sehr natürlichen Vater – einen Vater, der einfach nur lacht, wenn er mich sieht, der sehr viel weint und sich Minuten später über ein Stück Kuchen, ein Glas Kirschsaft freuen kann."

Früher feierte der Vater Walter Jens seine Geburtstage mit Professorenkollegen bei kunstvollen Reden, griechischen Versen, Lobesreden und Sonderdrucken. Tilman: „Jetzt rücken die Freunde mit Fresskörben an, gewaltigen Schinken, Pralinen, Schokoladenhasen und reichlich selbstgemalten Ostereiern. Vierzig Gäste freuen sich an Margits Schinkenhörnchen. Mittendrin mein rundum heiterer Vater. Wenn er nicht gerade Geburtstag hat, dann macht er nachmittags mit seiner Betreuerin und ihrem Freund eine kleine Landpartie zu Margits Bauernhof nach Mähringen. Einmal, November 2008, hat sie mich mitgenommen. Er ist gut beieinander. Hier kennt er sich aus. Caro, der Wachhund, bellt zur Begrüßung. Für Momente ist er so klar, wie ich ihn seit einem Jahr nicht erlebt habe: ‚Tja, Tilman, jetzt bist du woanders.' Wann hat er mich das letzte Mal beim Namen genannt? Er zeigt auf das Ende des Stalls. Ich soll mitkommen. Da sind die Kaninchen. Er ist aufgeregt wie ein Kind. Er nimmt sich Grün und ein paar Karotten. Ich traue meinen Augen nicht. Mein Vater füttert Karnickel! Er, der Asthmatiker, der früher Tiere hasste – mir aus Angst vor Haaren die Anschaffung selbst eines Hamsters verbot."

Der Vater ist zum Kind geworden, einfältig, aber voller Liebreiz: „Wir sitzen am Tisch der Guten Stube. Die Stallburschen erwarten ihn schon. *Jetzt kommt der Walter*. Eine Großfamilie bei Kaffee und gelbem Sprudel. Auf dem Fenstersims liegt eine Fibel für Schulanfänger. *Das Leben auf dem Bauernhof*. Mein Vater lernt lesen. ‚Was ist das? Das ist ein Pferd.' Er hat Spaß, nimmt sich die Limoflasche. Er versucht das Etikett mit den gelben Buchstaben zu entziffern. Er strengt sich an. O-ran-gen . . . Das Wort ‚Limonade' schafft er nicht mehr. Ich möchte weinen. Er aber fühlt sich wohl. Was an Margit, aber auch dem vielen Spielzeug, den Malbüchern, der bunten Kinderknete liegt, die sie ihm vom Dachboden geholt hat.

Mein Vater geht ins Nebenzimmer. Als er zurück-kommt, hat er eine große Puppe im Arm. Er hält sie ganz vorsichtig, wiegt sie. Das Plastikbaby sagt ‚Mama'. Zurück in Tübingen wird er meiner Mutter erzählen: ‚Caro ist der Beste . . .'."

Wie heißt es im Hohelied Salomos (8,6): „Stark wie der Tod ist die Liebe."

Glück

Deine erste Pflicht ist, dich selbst glücklich zu machen.
Bist du glücklich, so machst du auch andere glücklich.
Ludwig Feuerbach
(1804 – 1872)
Philosophische Kritiken und Grundsätze

Mit der Vatermitgift verbindet sich auch das Vaterglück – das Glück, einen guten Vater gehabt zu haben. Oder sagen wir bescheidener, auch Gutes von diesem Vater empfangen zu haben. Das wäre denn doch ein beträchtlicher, nicht zu übersehender Goldklumpen Glück. Und was wäre wichtiger, als die Frage nach dem Glück im Leben? Mein ganzes Philosophiestudium war motiviert durch diese Glückssuche und die, freilich verwegene, faustische Frage nach dem, was die Welt im Innersten zusammenhält. Gelöst habe ich beide Komplexe auch fast ein halbes Jahrhundert später noch nicht, aber ich fühle mich nachhaltig sensibilisiert. Wenn ich etwas von den „Welträtseln" (Ernst Haeckel) ahne, dann verdanke ich es Philosophen wie Lukrez, Seneca,

Montaigne, Voltaire, Hume, Kant, Feuerbach, Nietzsche und nicht zuletzt Sartre mit seinem heroischen Imperativ: „Der Mensch ist zur Freiheit verurteilt". Immer wieder kreise ich, wie vermutlich alle Menschen, um das Problem des menschlichen Glücks in einem offensichtlich sinnlosen Universum, unter unserer zufällig entstandenen Sonne, auf unserem ebenso zufällig lebensfähigen Planeten.

„Glück und Glas, wie leicht bricht das", sagt das Sprichwort. Es charakterisiert damit die Zerbrechlichkeit der menschlichen Existenz. Bedeutet das nicht, dass wir angesichts der „Geworfenheit" (Sartre) des Menschen mit dem Fleiß einer Honig sammelnden Biene die Glücksmomente unseres Lebens behutsam bergen müssen? Dazu zählen auch die Momente des *Vaterglücks*. Glück erkennt man oft erst im Rückspiegel. Aber ich muss, wie einst in der Fahrstunde, erst einmal lernen, in diesen Rückspiegel zu blicken. Versäumen wir diese Rückblicke der Dankbarkeit, so geraten wir in die Gefahr, uns auf die Härten unseres kindlichen und Erwachsenenlebens zu fixieren und bitter zu werden.

Hermann Hesse beschreibt die Dialektik von universaler Sinnlosigkeit und menschlicher Sinnstiftung (in: *Die Antwort bist du selbst. Briefe an junge Menschen*

(2000, S. 173 f.) 1931 in einem Brief an eine Leserin mit schonungsloser Präzision: „Das Leben ist sinnlos, grausam, dumm und dennoch prachtvoll – es macht sich nicht über den Menschen lustig (denn dazu gehört Geist), aber es kümmert sich um den Menschen nicht mehr als um den Regenwurm ... Wir müssen die Grausamkeit des Lebens und die Unentrinnbarkeit des Todes erst in uns aufnehmen, nicht durch Jammern, sondern durch Auskosten dieser Verzweiflung. Erst dann, wenn man die ganze Scheußlichkeit der Sinnlosigkeit der Natur in sich aufgenommen hat, kann man beginnen, sich dieser rohen Sinnlosigkeit gegenüberzustellen und sie zu einem Sinn zu zwingen. Es ist das Höchste, wozu der Mensch fähig ist, und es ist das *Einzige*, wozu er fähig ist. Alles andere macht das Vieh besser."

Hesse ermutigt die Briefschreiberin: „Tragen Sie das Leid, kosten Sie die Verzweiflung, aber lernen Sie das Nichtverstehen, das Leid, die Sinnlosigkeit als Vorbedingung für alles erkennen, was der Mensch wert sein kann. Wie Sie nachher Ihren Glauben formulieren, ob christlich oder sonstwie, ist einerlei. Es gibt keine anderen Götter, als die der Mensch sich macht. Es gibt ja auch keine anderen Regierungen, Gesetze und Moralen als die der Mensch sich macht. Das tun die Völker im Großen, und das tut jeder Einzelne im Kleinen. Er gibt dem Sinnlosen einen Sinn, er stellt seine Ahnung, sein Bedürfnis nach Sinn dem Chaos entgegen, und lernt leben, als gäbe es einen Gott und als habe das Ganze einen Sinn. Mehr ist nicht vonnöten, um leben zu können."

Glückseligkeit ist, so scheint mir, die Antwort auf diese Paradoxie des Daseins. „Deine erste Pflicht ist, dich selbst glücklich zu machen", erkannte der bedeutende materialistische Philosoph und Religionskritiker Ludwig Feuerbach: „Bist du glücklich, so machst du auch andere glücklich." Zu dieser Glücksunternehmung zählt auch die Auseinandersetzung und verständnisvolle Aneignung unseres psychologischen väterlichen Erbes. Ob wir ausschließlich den *Rabenvater* ans Licht zerren oder aber seine Licht- und Schattenseiten differenzieren und das *Vaterglück* ins Visier nehmen, das liegt an unserem Erinnerungsbemühen und unserer wohlwollenden Deutungsmacht.

Wir Männer, und das gilt besonders für unsere Väter, praktizieren oftmals die spracharme *konkludente Liebe*. Was heißt das? Der Begriff stammt von dem lateinischen Verb *concludere, daraus schließen*. Das will sagen, dass wir oft die Liebe eines Menschen nicht aus seinen kargen Worten, sondern seinem faktischen Verhalten erfahren. Wie dieses wortlose *Vaterglück* aussieht, schildert (in: *Geo Wissen*, 2012, Nr. 46) Gregory H. Hemingway, der jüngste Sohn des Schriftstellers Ernest Hemingway (1899 – 1961). Er war als Junge mit seinem Vater auf Fischfang, als sich eine Katastrophe anbahnte: „Wir ankerten in der Nähe eines Riffs. Ich hatte mäßiges Glück gehabt und drei oder vier Grunzer mit dem Speer erlegt, als mir plötzlich auffiel, dass kein einziger Fisch mehr zu sehen war. Ich konnte mir nicht erklären, warum oder wohin sie alle verschwunden waren. Noch während ich darüber grübelte und auf den blauen Golfstrom blickte, erkannte ich, weshalb die Fische weg waren. Drei riesige Haie, jeder über fünfeinhalb Meter lang, schwammen gemächlich in s-förmigen Linien auf mich zu, angezogen von der Fährte des Blutes, das sich ins tiefere Wasser ausgebreitet hatte. Ich schrie, so laut ich konnte, hemmungslos, immer wieder und verängstigter als jemals zuvor in meinem Leben. ‚Was ist los, Gig?‘, ‚Haie. Drei riesengroße.‘ ‚Okay, Junge, ganz ruhig, wirf ihnen was hin, das sie ablenkt, dann schwimmst du zu mir.‘

Ich nahm die Grunzer von meinem Gürtel und warf sie in Richtung der Haie. Papa war etwa vierzig Meter von mir entfernt, und obwohl ich kein besonders guter Schwimmer war, schaffte ich die Strecke in einer vermutlich rekordverdächtigen Zeit. Er hob mich auf seine Schulter und kämpfte sich dann durchs Wasser zu unserem Dingi. Ich drehte mich um, ob die Haie uns folgten: Dort, wo sie die Fische fraßen, brachen die Flossen durch die Oberfläche. Ich bin mir nicht sicher, ob mein Vater an jenem Tag sehr mutig war. Er wirkte ziemlich ruhig, aber ich merkte, dass auch er Angst hatte, als wir uns zum Dingi durchschlugen. Aber er stürmte nicht allein zum Boot zurück, als ich, ‚Haie' schrie. Er hatte noch die Gelassenheit, mir zu sagen, ich solle etwas in ihre Richtung werfen. Wahrscheinlich hätte jedermann auf sein Kind gewartet, aber an jenem Tag fühlte ich mich mehr denn je als sein Sohn. Unter seinem burschikosen Äußeren war er ein zurückhaltender Mann, dem es nicht leicht fiel, seine Zuneigung zu zeigen. Mir wurde erst bewusst, wie sehr er mich mochte, als er mich auf seine Schultern hob, die kaum aus dem Wasser ragten, und er mit seinem größtenteils ungeschützten Körper durch das Riff schwamm. Papa schimpfte mich richtig aus, als er entdeckte, dass ich die toten Fische an meinem Gürtel aufbewahrt hatte und es ihr Blut war, das die Haie aus den Tiefen des Golfstroms angelockt hatte. Wir hatten Glück gehabt."

Glück ist offensichtlich selten ohne Schmerz zu haben. Das verraten die meisten Antworten der Männer. Josef berichtet: „Meine Homosexualität hat meinen Vater überfordert. Er konnte sein Wohlwollen nicht auf so etwas Fremdes, vor kurzem noch Verbotenes und Gesellschaftsunfähiges ausdehnen. Zweifelsohne war ich sein Sorgenkind, das er aber nie gefragt hat, was es denkt, fühlt, erwartet, wünscht." Andererseits: „Ich erinnere mich an den außergewöhnlichen Mann, der mein Vater war, der mit meinen Brüdern und mir gespielt und geschmust hat. Ich erinnere mich intensiv an adventliches Basteln, das war wie im Bilderbuch! Meinen kindlichen Mittagsschlaf hielt ich oft bei meinem Vater auf dem Bauch und wurde von ihm am Rücken gestreichelt." Jedoch: „In meiner Erinnerung hatte das alles ein Ende, als ich mit dreizehneinhalb Jahren nach einem Kuraufenthalt zurück nach Hause kam und er meinen Umarmungsversuch verhinderte." Josef hat viel von seinem Vater körperlich und geistig mitbekommen: „Ich glaube, dass ich einiges von seiner körperlichen Erscheinung, ja seiner Schönheit bekommen habe. Das freut mich bei jedem Blick in den Spiegel. Mein Vater ist mitfühlend, obwohl Mitgefühl ihn stresst. Er ist ein guter Gärtner. Das war eine Zeitlang unsere größte Gemeinsamkeit. Tierliebe hat er mir mitgegeben, große Freude an Volksliedern (ich bin Berufsmusiker, Sänger). Er hat als Politiker gezeigt, was Repräsentation ist. Das habe ich eindeutig von ihm. Interessanterweise weiß ich, dass mein Vater auf meine Leistungen stolz ist. Und ich weiß auch, dass er mich liebt, im Rahmen seiner Möglichkeiten."

„Lieber Vater, ich bin froh, dein Sohn zu sein", bekennt Hans, weil er ihm „Geborgenheit, Mitgefühl und eine innere Haltung von Freiheit" verdankt. Er ruft dem toten Vater nach: „Unser Verhältnis war eher metaphysischer Natur. Ich wusste, dass er mich liebte und immer für mich da sein würde. Insofern hatte ich nichts zu verzeihen. In unseren direkten Begegnungen fanden wir kaum Worte, die uns berührten. Zu seinem Sechzigsten hatte ich ihm ein Gedicht geschrieben. Nach einem Herzinfarkt, mein Vater lag auf der Intensivstation, hatte ich das Gefühl, wir sind tief verbunden. Bei diesem Satz jetzt kommen mir die Tränen. Ist das nicht schön?"

Ansgars Vater hatte nie einen Beruf gelernt und doch als Hilfsarbeiter die fünfköpfige Familie ernährt und ein Haus gebaut. Ihm verdankt er „Geborgenheit, Nestwärme, Werte wie Ehrlichkeit, Fairness, Gerechtigkeit". Dieser Vater war ein „sehr lebenslustiger, geselliger und auch emotionaler Mensch." Er war, im Gegensatz zur Mutter, locker: „Ein schönes Erlebnis war immer, wenn wir Sonntag morgens einen Ausflug mit dem Moped gemacht haben. Mein Vater nannte es immer eine ‚Spritztour'. Wir sind im Kraichgau unterwegs gewesen. Ich saß auf dem Rücksitz und hielt mich bei meinem Vater fest. Ein sicheres Gefühl und wirkliche Geborgenheit empfand ich damals. Ich wusste, es kann mir nichts passieren, wenn mein Vater fährt."

Das dürfte auch für Ansgars Vater eine köstliche Wiederbelebung seiner eigenen Kindlichkeit gewesen sein. Aktive Vaterschaft, das werden wir noch im Schlusskapitel unserer Vatersuche sehen, ist für den Vater selbst ein Lebenselixier. Friedrich Schiller (1759 – 1805) lässt seinen Don Carlos sagen: „Wie schön ist es und herrlich, Hand in Hand / Mit einem teuren, vielgeliebten Sohn / Der Jugend Rosenbahn zurückzueilen, / Des Lebens Traum noch einmal durchzuträumen."

Florian denkt gerne an die „Urlaube, Ausflüge, Fahrradtouren" mit seinem Vater zurück. Dessen „unglaubliches Können an der Gitarre". Er verdankt ihm „musikalische Leckerbissen, Englischtalent, Sachlichkeit, Gelassenheit und geografisches Wissen". Um Verzeihung bitten möchte er ihn dafür, „dass ich früher stinkefaul war und mich wegen unwichtiger Dinge gestritten habe".

Ein anderer Sohn, der sich hinter der Chiffre „Little Mexican" verbirgt, erinnert sich mit Freude an das „Zusammenbauen eines Lego-Schiffes, das ich zu Weihnachten bekam und an dem er fast noch mehr Freude hatte als ich". Er habe seine „Technik-Verliebtheit" und viele handwerkliche Fertigkeiten an ihn weitergegeben. Sogar das Lesen habe er ihm bereits vor der Schule vermittelt. „Little Mexican" rühmt die Liberalität seines Vaters: „Er wurde zwar selbst streng katholisch erzogen. Er hat mir aber im Laufe der Zeit immer mehr Freiheiten gelassen, mich selbst zu entscheiden, ob ich mit diesem Glauben glücklich bin. Politisch hat er mir oft nur erklärt, worum es geht, um mich selbst meine Meinung bilden zu lassen."

Alois fühlte sich von seinem Vater „in jeglicher Hinsicht unterstützt". Er denkt heute noch beglückt an einen Tagesausflug, „wo nur wir zwei in ein Technikmuseum gefahren sind". Er verdanke ihm „Werte, Bildung im technischen Bereich, kostbare innere Haltung sowie auch den Drang, sich sportlich zu betätigen".

Helmut nennt seinen Vater eine Respektsperson, der er „selbstbewusstes Auftreten, Ausstrahlung, das Aussehen" verdanke. Er sei erotisch, gefühlsstark und zugewandt gewesen. Fazit: „Ich habe den besten Vater und liebe ihn über alles."

Ob ein Vater will oder nicht, er ist für seinen Sohn Vorbild- oder Schreckensbild. Die Vermittlung von Werten geschieht im Abenteuer unserer Ich-Werdung nicht abstrakt, sondern durch das persönliche Vorbild. Der Vater ist der erste und wichtigste Mann im Leben seines Sohnes. Wem sollte er in seiner mühevollen, aber auch aufregenden Mannwerdung nacheifern, wenn nicht dem Vater? „Wie der Abt", sagt ein deutsches Sprichwort, „so die Mönche". Man kann es auch profaner, nämlich mit dem englischen Thronfolger Prinz Charles formulieren: „Auch in einem Königshaus lernt man, wie die Affen lernen: Indem man die Eltern beobachtet."

„Eins mit Stern", so benotet Willibald seinen Vater, einen tüchtigen Sparkassenbeamten. Dieser starb, als Willibald neunzehn war. Es war ihm wichtig, dass sein Sohn auf das humanistische Gymnasium kam und einen Studienabschluss mit Promotion erreiche: „Die Einschränkungen, die er bezüglich meiner Berufswahl traf, berührten mich nicht. Ich sollte kein Lehrer und kein Pfarrer werden und auch kein Künstler. Ansonsten war ich völlig frei in der Wahl eines Studienfaches. Da ich sowieso Physik studieren wollte, kümmerten mich diese Restriktionen nicht." Wohl das Kostbarste, was dieser Vater seinem Sohn vermittelte, war der Wissensdurst. Willibald: „Er selbst hatte unglaublich breit gestreute Interessen, was man insbesondere an seinem Bücherschrank ablesen konnte. Da gab es Bücher über griechische und römische Geschichte, aber auch über Weltraumfahrt und die damals viel diskutierte ‚Welteislehre'. Auch eines über die untergegangene Sageninsel Atlantis. Er malte Aquarellbilder und plante, ein Buch über die Punischen Kriege zu schreiben. Ein Buch mit dem Titel *Im Zaubergarten der Mathematik* hat mich sehr gefesselt und nicht wenig zu meiner Berufswahl beigetragen."

Willibald erinnert sich: „Er hat mir, schon bevor ich in die Schule kam, die verschiedenen in Würzburg zu bewundernden Baustile erklärt. Er ist an vielen Sonntagvormittagen mit mir von Würzburg nach Randersacker gewandert. Was er mir bei diesen Spaziergängen alles erzählt hat, weiß ich nicht mehr im Einzelnen. Ich habe aber irgendwie ganz verklärte Erinnerungen an diese Sonntage." Er war „sehr liberal, sicherlich nicht religiös" gewesen: „Wie er zu den Nazis stand, hätte ich zu gerne gewusst, war aber damals zu unbedarft, ihn danach zu fragen." Kostbares hat dieser Vater seinen Sohn gelehrt: „Dass man in seinem Beruf so gut wie irgend möglich sein soll, und dass man darüber hinaus einen wachen Blick für andere Gebiete, für Kunst und für die Schönheit der Natur haben muss." Nach seinem Tod hat Willibald eine Zeitlang gedacht, er könne sich über nichts mehr freuen. Denn er empfand: „Dass ich meinen besten Freund verloren habe und nun ganz allein dastehe."

„Eines Vaters Segen kann nicht im Wasser ertränkt, noch im Feuer verbrannt werden", sagt das russische Sprichwort. Oskar hat vor allem glückliche Erinnerungen an seinen Vater: „Ich fühlte mich immer beschützt und geborgen. Bei ihm konnte mir nichts passieren. Aufregend war ein Abenteuerausflug zum Weiher, zu zweit, mit Übernachtung im Auto und Lagerfeuer." Der Vater sei liebevoll mit ihm umgegangen, habe ihn nachts beim Einschlafen gestreichelt und ihn den positiven Umgang mit anderen Menschen gelehrt: „Er ließ sich von Schicksalsschlägen nicht unterkriegen, nahm alles leicht und liebte Hunde."

Mit Vergnügen denkt auch Theo an seine Kindheit. Das Motto seines Vaters war: „Du musst nicht arbeiten. Das habe ich als Junge genug gemusst." Trotzdem war er natürlich sauer, als Theo sein Elektrotechnikstudium abbrach. Der Vater selbst konnte kein Gymnasium besuchen, weil das Geld fehlte und er arbeiten musste. Unter seinen mangelnden Bildungs- und Aufstiegschancen habe er gelitten. Er habe das freie Denken geliebt und sich nicht von irgendwelchen Obrigkeiten blenden lassen. Sein Motto: „Stell dir den Mann in Unterhosen vor." Dieser Vater „konnte immer über sich lachen", sei aber schwer gestorben: „Als es mit ihm nach langem Dahinsiechen zu Ende ging, war ich nicht niedergeschmettert. Ich habe gedacht, ‚jetzt bist du von deinem Leiden erlöst'. Später kam die Trauer und der Verlust."

Wie recht haben Theo und all die trauernden Söhne dieses Buches. In der Trauer verbirgt sich als süße Frucht die *Dankbarkeit*, einen achtbaren Vater besessen zu haben. Die Dankbarkeit ist das Gedächtnis des Herzens. Vielleicht ist sie auch ein sittlicher Imperativ, wie einst der Philosoph Immanuel Kant (1724 – 1804) meinte. In *Die Metaphysik der Sitten* konstatiert er gewohnt knapp: „Dankbarkeit ist Pflicht."

Auch ein schwieriges Verhältnis kann Liebe in sich bergen. Hannes hat an seiner Vaterbeziehung gearbeitet: „Unser Verhältnis war temporär schwierig, aber ich habe ihm verziehen. Ich habe das Gespräch gesucht, da wir über unser angespanntes Verhältnis krank geworden sind. Danach hat sich das Verhältnis – auch zu meiner Mutter – wieder eingerenkt. Damals habe ich zum ersten Mal gemerkt, dass nur ein Gespräch helfen kann. Die Verzeihung wurde allerdings nicht offen ausgesprochen. Wir haben sie gelebt, indem wir uns gegenseitig wieder besucht und eingeladen haben." Bei Vaters Tod empfand Hannes „eine ganz große Leere, eine große Fassungslosigkeit. Da war keiner mehr, den man um Rat fragen kann." Mit viel Dankbarkeit denkt Hannes an seinen Vater zurück: „Der Groll, den man mal hatte, verliert sich in dem Moment, in dem man einen lieben Menschen verliert." Er gibt eine Liebeserklärung ab: „Wenn nur mein Vater und ich zusammen waren, war die Situation meistens entspannt. Diesen Eindruck hatte ich zumindest. Anders war es, wenn meine Mutter sich in der Nähe aufhielt. Vaters Lockerheit war dann sehr eingeschränkt. Ich hatte das gleiche Empfinden, denn wir waren so etwas wie Seelenverwandte. Wenn es dem einen nicht gut ging, ging es dem anderen auch nicht gut. Unser Wohlgefühl beim Zusammensein hat sich diesbezüglich gespiegelt. Wir haben über dieselben Witze lachen können und haben uns oft unsere Meinung gesagt."

„Gut", ja, vielleicht sogar „sehr gut" sei die Beziehung zu seinem Vater gewesen, meint Matthias: „Ich denke schon mit Dankbarkeit und Vergnügen an den Vater in meiner Kindheit zurück, auch wenn die Jahre zwischen meinem dritten und neunten Lebensjahr infolge des Krieges, durch totale Ausbombung, Wehrpflicht und Krankheit in besonderer Weise stark beeinflusst waren. Schöne Erlebnisse waren stets die bunten Teller zu Weihnachten, mit Apfelsinen, Nüssen, Datteln, Feigen und vielen Süßigkeiten, die mein Vater mit viel Liebe zubereitete." Besonders gern denkt Matthias „an einen Abend zurück, wo meine Mutter, nach Schilderung unserer Untaten, meinen Vater aufforderte, ,die Jungs zu verhauen'. Darauf erklärte mein Vater: ,Das kann und will ich nicht, da ich nichts gesehen und miterlebt habe'. Diese Haltung haben wir unserem Vater nie vergessen." Neben der Geborgenheit habe der Vater ihm und den Geschwistern gute Kenntnisse über wirtschaftliche und politische Zusammenhänge, die Welt der Oper vermittelt sowie eine optimistische Lebenssicht gegeben.

Das Thema Mann und Vaterwunde hat Peter in seiner psychotherapeutischen Ausbildung mit aufwühlenden Selbsterfahrungsübungen bearbeitet. „Aber wie das mit Zwiebelschalen so ist, man arbeitet eine dicke davon ab, und wenn der Schmerz vorbei ist, nach ein paar Monaten, sieht man die nächste Schale." Der Vater nahm ihn schon früh auf seinem LKW durch ganz Deutschland mit: „Ich glaube, da ist meine seelische Freiheit geboren worden." Vom Vater hat Peter seine wertvolle innere Haltung: „Wissen stand bei meinem Vater immer hoch im Rang, obwohl er selbst materiell nie die Chance hatte, eine berufliche Ausbildung abzuschließen. Daher resultiert mein Wissensdurst und meine Ausdauer, Problemen auf den Grund zu gehen. Mir imponiert, dass er mit seinen vierundsiebzig Jahren sich einen Laptop gekauft hat." Peter würdigt seinen Vater: „Ich glaube, mein Vater hat in seinem Leben genau das Richtige gemacht. Er hat seinen Vater verloren, als er sieben war. Sein Großvater war schon tot. Er wuchs ohne ‚Ersatzvater' unter weiblicher Regie auf. Er wollte, glaube ich, dieses Defizit, das er hatte, ausgleichen und zeigte es in Überpräsenz durch strenge, genaue Vorgaben. Ich denke, eine Vaterschaft enthält immer Möglichkeiten für Fehler, wie Du einmal so schön und wahr schreibst. Man sollte tatsächlich nur versuchen, ein ausreichend guter Vater zu sein. Ich glaube, als lebenserfahrener Mensch wird man die Fehler seiner Eltern weiträumig vermeiden." Peter zieht das Fazit: „Wenn mein Vater stirbt, werde ich eher einen ‚Freund' von meiner Seite gehen lassen als einen Vater."

Peter hat recht. Wieso muss ein Vater überhaupt ein „sehr guter" Vater sein? Es war der englische Psychoanalytiker O. W. Winnicott, der, auf die Frauen gemünzt, konstatierte: Eine Mutter muss keine sehr gute Mutter sein. Eine Mutter muss keine gute Mutter sein. Es genügt, dass sie eine *ausreichend gute Mutter* (*a sufficient good mother*) ist. Realistisch betrachtet genügt es ebenso, wenn der Vater ein *ausreichend guter Vater* ist.

Einen astronomiebegeisterten Vater zu haben, muss besonders schön sein. Kurt freut sich noch heute: „Neben der Arbeit lag ihm auch viel an Spaß und ‚fröhlichem Jugendleben' (seine Worte). Er hat in der Freizeit viel mit den von ihm in einer ‚Arbeitsgruppe Astronomie' betreuten Jugendlichen unternommen (Feiern, Ausfahrten, Exkursionen) und mich oft mitgenommen."

Der Vater stand „für eine offene Weltanschauung, Toleranz und dafür, dass es immer eine Lösung gibt". Er besaß einen „unverbesserlichen Optimismus. Das sind auch Werte, die mir wichtig sind. Handwerklich habe ich mir viel in der väterlichen Kellerwerkstatt angeeignet." Wie viele Männer war der Vater eher schweigsam, was seine persönlichen Dinge betraf: „Da mein Vater achtundachtzig Jahre alt geworden ist, war auch sein Tod für mich kein Schock. Ich war traurig. Damals und heute denke ich mit einem wehmütigen Lächeln an meinen Vater. Er hat ein erlebnisreiches, erfülltes und sehr turbulentes Leben gehabt. Traurig bin ich nur, weil er erst in den letzten Jahren angefangen hat, von sich zu erzählen. Es fiel ihm schwer, Gefühle zu zeigen. Ich weiß, dass er mich geliebt hat. Ich kann mich aber nicht erinnern, dass er es gesagt oder gezeigt hat. Als Kind ja (laut meiner Mutter), aber später hat er mich nie in den Arm genommen. Wir haben uns immer die Hand gegeben. In den letzten Jahren habe ich ihn in die Arme genommen, das schien ihm zu gefallen."

Die väterliche Berührungsscheu hat Kurt gleichwohl „geerbt": „Noch heute finde ich es unangenehm, wenn sich Männer umarmen (Männer zeigen keine Gefühle!). Da ich zwei Töchter und keinen Sohn habe, kann ich natürlich nicht überprüfen, wie ich mich verhalten hätte. Meine Töchter umarme ich wie selbstverständlich. Als mich letztes Weihnachten der langjährige Freund meiner Tochter beim Abschied umarmt hat, war ich / bin ich völlig verunsichert."

Wie wäre es, wenn wir Männer uns in der Vaterbeziehung an das alte deutsche Sprichwort hielten: „Umarme deinen Gegner, bis er sich ergibt"? Warum sind wir Söhne in unserer Unversöhnlichkeit – der Begriff ist verräterisch – oft so grimmig und habituell unfreundlich? Freundlichkeit ist eine universelle Sprache. Jeder versteht sie. Sie öffnet auf Dauer jedes Herz, auch das eines Vaters. Wittert er hingegen unser unbewusstes Rachebedürfnis, wird er sich zur eigenen Sicherheit verschließen.

In dem Grimmschen Märchen *Hans mein Igel* gibt es eine hübsche Versöhnungsszene zwischen dem einstigen Schattenkind Hans und seinem alt gewordenen Vater. Der reiche kinderlose Bauer hatte den Sohn nur aus dem einzigen Grund gezeugt, um den hämischen Bauern seines Dorfes seine Potenz zu beweisen („Ich will ein Kind haben und sollt's ein Igel sein"). Prompt wird dieses Kind eines lieblosen Vaters (und der ebenso lieblosen Mutter) mit Stacheln als Schutz geboren. Gleichzeitig spiegeln sie die Stacheligkeit seiner Eltern wider. Hans mein Igel geht einen schweren Gang durch die Welt. Die Wunde des Ungeliebten hindert ihn lange daran, mit Frauen in liebenden Kontakt zu treten. Er verletzt sie. Am Ende wagt er die größte Liebesgeschichte seines Lebens: die mit sich selbst. Er tut das, indem er seine Igelshaut im Feuer psychischer Selbsterneuerung und Weltvertrauens verbrennt.

Jetzt kann Hans geheilt und selbstbewusst zu seinem Vater zurück. Er ist König geworden, das heißt Souverän seiner Seele. An seiner Seite hat er die königliche Braut. Sie ist eine kluge Frau, die ihm bei seiner seelischen Selbstversöhnung durch ihre Liebe behilflich war. Was passiert? Der Vater sagt, er hätte keinen wirklichen Sohn, „er hätte nur einen gehabt, der wäre aber wie ein Igel mit Stacheln geboren worden und wäre in die Welt gegangen". Was macht Hans mein Igel? „Da gab er sich zu erkennen, und der alte Vater freute sich und ging mit ihm in sein Königreich."

Wenn ich diese Szene in der Ausbildung unserer zukünftigen Gesundheitsberater GGB psychodramatisch spielen lasse, passiert immer wieder das Gleiche: Der Hans-Darsteller steht vor dem zerbrechlich gewordenen Vater-Akteur. Er besinnt sich eine Weile und schließt ihn dann spontan in die

Arme. Vater und Sohn strahlen. Die Wiederannäherung ist eingeleitet.

„Mit Vergnügen" denkt Dieter an seinen Vater zurück. Ihm imponiert „seine Ruhe". Als Dieter sich mit fünfundzwanzig Jahren tätowieren ließ, „da war mein Vater stinksauer. Ich hoffe, er hat mir das verziehen. Ich werde ihn fragen". Besonders schön war, als der Vater in einem Sommerurlaub mit ihm Flugzeugmodelle aus Wurzeln und Eisstielen baute. Dieter ist glücklich: „Ich denke, mein Vater ist sehr stolz auf seine geleistete Arbeit, die Werke, die er aufgebaut hat, und auf mich."

Dass sein Vaterglück auch mit Schmerz versetzt war, empfindet Bernhard. Er schreibt mir: „Als ich deinen Fragenkatalog las, war er wieder da – der Kloß im Hals, der immer kommt, wenn es um die Beziehung zwischen mir und meinem Vater geht. Zuletzt hatte ich diesen Kloß verspürt, als ich den Film *Schwabenkinder* sah. Ich sehe eine Szene im Film sehr deutlich vor mir, als der Vater in diesem Film seinem kleinen Buben mit tränenerstickter Stimme sagt, er müsse ihn ins Schwabenland schicken. Meine Internatszeit in Bonn, dem Ordensinternat der Redemptoristen, kam wieder hoch, und ich habe gemerkt, wie prägend diese Zeit, insbesondere die von mir gewünschte Beziehung zu meinem Vater war. Ich kam mir auch weggeschickt vor. Du hast auch Internatserfahrung und kannst das mit Sicherheit nachempfinden."

Während der Internatszeit konnte Bernhard dem Vater nichts anvertrauen: „Er war weit weg. Dabei hätte ich ihn öfters gebraucht. Ich hätte ihm gerne meine Ängste, meine Hilflosigkeit und mein Heimweh anvertraut." Als der Vater 1995 verstarb, ist Bernhard eingebrochen: „Im Januar 1996 begann ich eine Außenbeziehung mit allen Höhen und Tiefen. Meine Frau und ich standen irgendwann kurz vor der endgültigen Trennung. Wir haben aber gemeinsam diese schwierige Zeit dennoch gemeistert. In dieser Zeit hätte ich gerne meinen Vater gefragt, was ich im ein oder anderen Fall machen soll. Ich habe ihn mir herbeigesehnt, aber er war tot. Ich musste meine Entscheidungen alleine treffen – sie waren oft falsch!"

Bernhard erinnert sich, was seine Zeit vor dem Internat angeht, an eine „wunderbare Kindheit an der Mosel": „Mit meinem Vater war ich oft unterwegs, er hat mir viel gezeigt und beigebracht. Trotz einer für meine Eltern entbehrungsreichen Zeit hat sich mein Vater immer Zeit für uns Kinder genommen.

Er war immer besorgt um uns und hatte Not, dass wir immer genügend zu essen hatten. Als Kind bin ich gerne mit in die Gärten gefahren, die mein Vater bearbeitete. Hier war ich mit ihm alleine und hatte ihn ganz für mich. Ich sehe ihn heute noch bildlich vor mir, wie er zum Beispiel Kartoffeln erntet oder mir eine Möhre oder Tomate zum Essen gibt. Die Gärten lagen zum Teil direkt an der Mosel oder in einem Bachtal. Für mich war das mein Paradies. Vater war fürsorglich und war immer bemüht, dass es uns gut ging. Er hat für Geborgenheit gesorgt. Er war auch derjenige, der in der kalten Jahreszeit früh das Feuer in der Küche anmachte. Er war musisch begabt, konnte schön zeichnen und war leidenschaftlicher Amateurmusiker. Er hat mir beigebracht, Trompete zu spielen, und war, solange er musizieren konnte, im öffentlichen Musikverein. Ich selbst spiele heute noch aktiv im Musikverein meines Nachbardorfes. Die Liebe zur Musik habe ich von ihm und konnte sie auch meinen eigenen Kindern weitergeben, die beide Klavier lernten. Die Musik war oft ein gemeinsames Thema zwischen Vater und mir."

Bernhards Vater wäre gerne Kunstschreiner geworden, doch er musste nach dem frühen Tod seines Vaters den landwirtschaftlichen Betrieb übernehmen: „Er hatte aber als Jugendlicher schon angefangen, eine Krippenlandschaft zu bauen und diese Krippe immer weiter ausgebaut. Mit einfachen Mitteln hatte er ein Kunstwerk geschaffen, das ich als Kind an Weihnachten bewunderte. Mittlerweile habe ich diese Krippenlandschaft in einem Zeitraum von über zehn Jahren selbst nachgebaut. Jedes Jahr an Weihnachten hole ich mir einen Teil meiner Kindheit zurück."

Es ist erschütternd, wie viele Väter der vorigen Generation, bestimmt durch die armseligen Verhältnisse und Zeitläufe, auf ihre Ausbildungswünsche verzichten mussten. Ich erinnere mich in diesem Zusammenhang an zwei ähnliche, besonders drastische Fälle des väterlichen Karrierebruchs, die mir die Söhne erzählten. Beide Väter waren Spätkriegsheimkehrer, der eine von Adenauer 1955 aus Sibirien heimgeholt, der andere 1953, ein Jahr nach Stalins Tod, in die DDR zurückgekehrt. Der erste hatte vor dem Krieg vier Semester Medizin studiert. Jetzt musste er dringend Geld verdienen, weil sich in kurzen Abständen mit seiner zweiten Frau (die erste hatte sich während seiner Abwesenheit scheiden lassen) zwei Kinder einstellten. An eine Fortsetzung des Studiums war nicht zu denken. Er schlug sich als Pharmavertreter durch. Der andere war der Sohn eines Großgrundbesitzers, der nach 1945 in der Sowjetzone enteignet worden war. Jetzt wurde der Sohn, mit einer Minimalausbildung, ein schlecht bezahlter Angestellter in einer LPG.

Zurück zu Bernhard: Weil Bernhard seinen Vater so liebte, hat er das Exil des Internats als Albtraum empfunden: „Warum habt Ihr, Mutter und du, mich ins Internat weggeschickt? Habt Ihr mich denn nicht mehr geliebt? Ich hatte nichts verbrochen und kam mir vor wie in einem Zuchthaus. Habt Ihr mich denn überhaupt nicht vermisst? Ich bin vor Heimweh fast gestorben!" Doch hat die Liebe zu seinem Vater allen Schmerz überdauert: „Ich habe ihn in der letzten Woche vor seinem Tod (er starb an Blasenkrebs) begleitet und habe mit meiner Frau bei ihm Nachtwache gehalten und ihm erzählt. Er war dann irgendwann so schwach, dass er nichts mehr sagen konnte und schließlich ins Koma fiel. Ich habe seine Hand gehalten und ihn gestreichelt. Er hat mit seinem Daumen gegen meine Hand gedrückt. Für mich war das wie ein Morsesignal zwischen uns beiden. Als er verstarb, habe ich ihm die Ruhe gegönnt, denn er hatte kein einfaches Leben. Heute, mit Abstand zu meiner Internatszeit, habe ich meinen Eltern längst verziehen, weil ich glaube, dass sie es damals gut gemeint hatten. Beide konnten aus ihrer Haut auch nicht heraus. Obwohl mir die Internatszeit schwer fiel, habe ich dort mein Abitur gemacht und später meinen Beruf gefunden. Meine jüngere Schwester hatte mir mal vorgeworfen, dass ich als einziges der Geschwister aufs Gymnasium gehen durfte und sie nicht. Ich habe ihr geantwortet: ‚Aber ich war weg von zu Hause, und du hattest die Eltern'."

Als „Rabenvater" hatte Bernhard seinen Vater nie gesehen. Und doch empfindet er es als schmerzhaft, dass er in der Zeit des Internatsaufenthaltes wenig von ihm hatte: „Diese Wunde hat mein Vater in mir zurückgelassen, wie mit einem heißen Eisen eingebrannt, und sie bricht immer wieder auf. Im Rahmen der therapeutischen Begleitung während unserer Beziehungskrise und später noch wurde auch dieses Thema intensiv beleuchtet. Mittlerweile habe ich gelernt, mit Verständnis und Güte zurückzublicken. Vater war ein friedliebender Mensch. Umso schwerer fiel ihm der Wehrmachtsdienst im Zweiten Weltkrieg. Während eines Fronturlaubs hat er geheiratet. Er wurde im Krieg schwer verwundet, kam aber nach dem Lazarettaufenthalt wieder an die Front, geriet in französische Gefangenschaft und wäre dort beinahe verhungert. Kriegsversehrt kam er nach Hause und fand keine Arbeit, nur Gelegenheitsjobs.

Er lebte quasi von der Hand in den Mund, machte abends Musik und verdiente sich dadurch ein paar Mark hinzu. Von 1944 bis 1955 kamen acht Kinder auf die Welt. Drei davon starben kurz nach der Geburt. Die restlichen fünf Kinder mussten durchgefüttert werden, darunter war auch ich." Schließlich: „Viele Herzattacken haben sein Leben begleitet. Urlaub hatten er und Mutter sich erst gegönnt, als wir Kinder aus dem Haus waren. Alle Kinder haben/ hatten ihren Beruf und sind ‚etwas geworden'. Vater hat sein Ziel erreicht und uns alle ‚durchgebracht'. Still, wie er im Leben war, ist er gestorben. Meine Liebe zu ihm wird nicht sterben!"

Hermann Hesse, der, wie wir erfuhren, als junger Mann heftig mit seinem Vater und dessen religiösem Rigorismus haderte, erkannte im Alter die seelische Noblesse des Vaters. Er vermochte ihn jetzt so zu würdigen: „Er war ... ein Fremdling, ein edler und seltener Schmetterling oder Vogel aus anderen Zonen zu uns verflogen, durch seine Zartheit und sein Leiden und nicht minder durch sein verschwiegenes Heimweh ausgezeichnet und isoliert" (Hesse, *Sämtliche Werke in 20 Bänden*, Bd. 8, S. 458). Er rühmt den vergeistigten Mann (ebd., Bd. 12, S. 303) mit den erlesenen Worten: „Ich sah ihn jetzt wieder ganz, das ritterliche Gesicht unterm langen, zurückgekämmten Haar, die edle hohe Stirn und alle ihre schönen Flächen, die hohe Wölbung der über erblindeten Augen geschlossenen Lider, und zum ersten Mal, seit ich von seinem Tode wusste, empfing ich erkaltend im Innersten die Unwiederbringlichkeit all dieser lieben, feinen, kostbaren Dinge."

Doch zurück zu den Männern, die mir schrieben: Christian hat zwei behinderte Eltern gehabt. Diese lernten sich beim Behindertensport kennen. Trotz ihres Handikaps, schreibt er, „kümmerten sie sich rührend um mich und lasen mir jeden Wunsch von meinen Augen ab." . . . „Ich war ihr ganzes Glück. Sie verbrachten fast ihre ganze Freizeit mit mir und förderten mich auf jede erdenkliche Weise. Sie finanzierten meinen Klavierunterricht, ließen mich einen Motorflugschein machen, ermöglichten mir einen Schüleraustausch nach Schweden und nahmen meine Freundin wie eine Tochter in die Familie auf. Sie sagten mir: ‚Du bist so gescheit und tüchtig. Du kannst alles aus dir machen.' Sie ermöglichten mir das Studium der Pharmakologie und der Medizin und damit eine glänzende Karriere. Ich habe in meinem Leben noch nie so geweint wie bei ihrem Tod, der nur wenige Tage nacheinander stattfand. In die Todesanzeige rückte ich das japanische Sprichwort:

‚Eines Vaters Güte ist höher als ein Berg; einer Mutter Güte tiefer als das Meer'."

Ein schönerer Rückblick auf Vater- und Mutterglück scheint mir kaum denkbar.

Versöhnung

Ressentiment ist abgeleitet von re-sentir, immer wieder
fühlen ... Immer wieder fällt einem ein, wie man unge-
recht behandelt worden ist, wie man keine Möglichkeit
hatte, sich erfolgreich dagegen zu wehren. Diese emotional
betonten Situationen fallen einem aber nicht nur ein, man
sucht sie geradezu auf ... Eine Atmosphäre der Feindselig-
keit legt sich über alles. Es ist ein automatisches Zürnen,
das vom Ich unabhängig ist, also auch nicht mehr reflek-
tiert und nicht mehr kontrolliert wird ... Ressentiment ist
eine Art seelischer Selbstvergiftung.

Verena Kast
Wege zur Versöhnung
2007, S. 68 f.

Kaum etwas ist schwerer, als zu verzeihen und sich
zu versöhnen. Beim Lesen eines Interviews der
Frankfurter Allgemeinen Sonntagszeitung (2. 11. 2012)
ist mir dies besonders klar geworden. Das Blatt führte ein Gespräch mit dem Musiker Gunter Gabriel
über seine vier Ehen, sein wildes Leben, seine Ab-
stürze und Comebacks. Der bekannte Country- und
Schlagersänger, der in Hamburg auf einem Haus-
boot wohnt, schilderte seine Unversöhnlichkeit ge-

gen den Vater so: „Ich hatte keine Mutter, die ist sehr früh gestorben, an einer Abtreibung. Und mein Vater war durch den Krieg vollkommen demoliert und hat mir immer nur auf die Schnauze gehauen. Irgendwann bin ich durchgedreht und habe zurückgeschlagen. Da war ich 18 und hab ihn so krankenhausreif geprügelt, dass wir uns danach nie wiedergesehen haben." Sein Vater war sein Drama. Gabriel: „Ich hatte nur Volksschule, hab' dann nach und nach alles aufgeholt, sogar studiert. Alles, um meinem Vater zu imponieren. Ich wollte seine Liebe haben. Aber dem war das scheißegal." Die Unversöhnlichkeit wurde beiderseitig: „Ich hab' ihm alle meine Platten geschickt. Die kamen aber immer wieder zurück. Freunde von ihm, mit denen ich Kontakt hielt, die sagten zu ihm: Mensch, sei doch stolz auf deinen Sohn, ganz Deutschland liebt ihn jetzt. Und da hat er gesagt: Nie wieder. So ist er auch gestorben."

Theobald gibt dem Verhältnis zu seinem Vater die Note „vier minus", weil sein Umgang „eher von Gehorsam und Strenge geprägt" war. Er gesteht in meiner Männerumfrage: „Nein, ich habe ihm nicht verziehen." Er fügt hinzu: „Ich habe vorgehabt, ihm zu verzeihen. Aber es gibt immer wieder Ereignisse, die mich sehr ärgern, die ich nicht verzeihen kann.

Zum Beispiel sagte er kürzlich zu meinen Kindern, ,wir feiern meinen Geburtstag nur im kleinen Kreis. Deshalb können wir Euch nicht mehr einladen'." Auch hier steht, so scheint es, noch eine Aussprache aus.

Aber ist Versöhnung Pflicht? Muss sie wie ein religiöses Gebot („Du sollst deine Eltern ehren") auf Biegen und Brechen erfüllt werden? Ich meine, nein.

Bestärkt fühle ich mich durch den einzigen und kostbaren Brief einer Frau, den ich auf meinen Aufruf in der Zeitschrift *Der Gesundheitsberater* erhalten habe. Nennen wir sie Sigrid. Sie schreibt: „Ich selbst hatte nicht nur einen Rabenvater, sondern Rabeneltern. Meine Kindheit vergleiche ich mit einer Klimakatastrophe – einer Eiszeit. Stellen Sie sich bitte jede Menge schreckliche Dinge vor, die Kinder passieren können, und packen Sie nochmals hundert Prozent darauf, dann bekommen Sie eine Idee davon, was mir passiert ist. Deshalb finde ich den Satz ,Versöhnung ist das Gebot' erschreckend. Wenn einem Kind, dem ,schlimme Dinge' passiert sind, gesagt wird, du musst dich versöhnen, dann ist es in sehr vielen Fällen unmöglich. Versöhnung ist nur dann machbar, wenn die Eltern ihre Verfehlungen einsehen. Aber wer möchte schon wirklich seiner Schuld in die Augen blicken. Meine Eltern auf jeden Fall nicht."

Sigrid unterscheidet zwischen „verzeihen" und „versöhnen": „Trotzdem habe ich ihnen verziehen. Ich habe die Lebenssituation meiner Eltern ganz neutral betrachtet und das Ohnmachtsgefühl erkannt, in dem sie sich befunden haben ... Ich habe zwar lange dafür gebraucht, den Kontakt zu meinen Eltern abzubrechen, aber es war das Beste, was ich machen konnte. Ich habe mich mit meinem Leben versöhnt, aber nicht mit meinen Eltern ... Es ist mir einfach nur wichtig, ‚Versöhnung' nicht als Gebot darzustellen, sondern lediglich als Möglichkeit."

Das stimmt. Es darf kein „Terror der Versöhnung" gegen Söhne oder Töchter ausgeübt werden, die an einer *desorganisierten Bindung* (Bowlby), etwa an Schlägen, Unterversorgung oder sexuellem Missbrauch, gelitten haben. Auch der Kontaktabbruch, die Funkstille, kann in schweren Fällen als emotionale Notbremse fungieren. Aber bei einem Satz möchte ich Einspruch anmelden. Ist Versöhnung wirklich nur dann machbar, wenn die Eltern ihre Verfehlungen einsehen? Nein, denn ich kann auch für mich eine „innere Versöhnung" vollziehen.

Ob ich mich innerlich versöhne, liegt in *meiner* Kompetenz und freien Entscheidung. Ich tue damit etwas für *meine* Erlösung. Der Schauspieler Klaus Kinski hat einmal gesagt, „Wer mich beleidigt, bestimme immer noch ich!" Mache ich meine Versöhnung dagegen von der Reue der Eltern abhängig, bleibe ich mental in ihrer Gefangenschaft und verriegele mir selbst den Ausweg zur Befreiung. Das gilt besonders gegenüber alten Eltern. Kann ich wirklich erwarten, dass sie sich bei all den finanziellen Verzichten und Mühen, die sie sich gleichwohl für ihre Kinder auferlegten, am Ende vor ein Tribunal mit dem Richterspruch „Ihr habt alles falsch gemacht" zerren lassen? Wie sagt Oscar Wilde (in: *Eine Frau ohne Bedeutung*): „Anfangs lieben Kinder ihre Eltern; wenn sie älter werden, halten sie Gericht über sie; manchmal verzeihen sie ihnen."

Vater-Sohn-Beziehungen sind aus einem besonderen Grund schwierig und störanfällig, den wir auch durchaus positiv sehen können: Ein Vater nimmt einen Sohn besonders wichtig als „Stammhalter". Er will ihn oft aus diesem Grundinteresse auf Gedeih und Verderb nach seinem Bild formen und delegiert seine eigenen Wünsche an ihn. Alois Prinz beschreibt in seinem bereits erwähnten Buch *Rebellische Söhne* diesen Vaterzwang mit folgenden prägnanten Beobachtungen: „Franz von Assisi wurde von seinem Vater beigebracht, wie man wertvolle Stoffe kauft und wieder verkauft, aber sobald er etwas tat, was nicht in diese Geschäftswelt passte, war es mit der Vaterliebe vorbei. Thomas Mann erhoffte sich von seinem Sohn die *Fortsetzung seiner selbst*, und er reagierte mit Kälte, als Klaus Eigenschaften zeigte, die er an sich selbst nicht zuließ (seine Homosexualität – M. J.). Hermann Hesse hielt an seinem *Eigensinn* fest und wurde von seinem Vater fallen gelassen und für verrückt erklärt. Martin Luther musste ins Kloster fliehen, um von den Erwartungen seines Vaters nicht erdrückt zu werden. Und Franz Kafka fühlte sich wie ein ekliges Insekt (in seiner Erzählung *Die Verwandlung* – M. J.), weil er nicht so war, wie der Vater sich seinen Sohn und Nachfolger wünschte, weil er in dessen Augen ein ‚schlechter Sohn' war."

Umgekehrt weist unsere *Vateraustreibung* auf die Verdrängung unserer eigenen *Schattenpersönlichkeit* (C.G. Jung) hin. Wenn ich einmal akzeptierte, dass auch ich böse, kleinkariert und autoritär bin, dann kann ich von meinem hohen Sockel unerbittlicher Staatsanwaltschaft heruntersteigen. Ich müsste mich entschuldigen und mir dann selbst verzeihen können. Ich müsste auch meinem Vater eine Schattenpersönlichkeit zubilligen. Das Nichtverzeihen ist

Unfrieden in Permanenz. Es ist Realitätsverleumdung. Es ist Überheblichkeit. Heißt es nicht in der Vergebensbitte des Vaterunsers „Und vergib uns unsere Schuld, wie auch wir vergeben unseren Schuldigern"? Bei den Juden ist Yom Kippur der Feiertag, an dem sie für ihre Sünden um Vergebung bitten und gleichzeitig vergeben, was andere ihnen angetan haben.

Karl-Michael hat – was keiner von ihm verlangen konnte – dem Vater seine bittersten Erlebnisse verziehen: „Es waren seine sexuellen Übergriffe an mir, als ich gerade mal vier Jahre alt war". Er gibt der Vaterbeziehung die Note „total ungenügend", weil dieser gewalttätig und pädophil war. Karl-Michael ist noch im Verzeihensprozess: „In den letzten acht Jahren habe ich durch meine vorherige Freundin sowie durch meine jetzige Zugang zur Verarbeitung gefunden. Durch Familienstellen habe ich gelernt, auch sein Schicksal zu sehen, und nach einigen Semestern psychologischer Studien an der Paracelsus-Schule weiß ich heute, dass auch er seine Geschichte hatte. Sein Vater war preußischer Soldat. Mein Vater hat das gegeben, was er geben konnte. Rational verstehen kann ich das inzwischen. Wirklich und ganz verzeihen werde ich wohl erst können, sobald ich meine Eigenliebe wiedergefunden haben werde. Ich bedaure es sehr, dass ich mit meinem heutigen Wissen nicht mehr mit ihm reden kann."

Verzeihen kann nur der starke, in sich ruhende Sohn. Aber gibt es nicht auch Dinge, die unverzeihlich sind? Hätten wir einem Vater, der Adolf Hitler hieß, post mortem verziehen? Die Frage ist so akademisch nicht, wie sie klingt. Niklas Frank, geboren 1939, ist der Sohn von Hans Frank, der von Adolf Hitler zum „Generalgouverneur" im besetzten Polen ernannt wurde. Der Jurist ließ nicht nur das Land ausplündern, sondern organisierte die millionenfache Ermordung der Juden in den Vernichtungslagern mit. Sein Sohn Niklas schreibt (in: *Geo Wissen*, 2012, Nr. 46, S. 129) an die Adresse seines Vaters, der in Nürnberg 1946 hingerichtet wurde: „Stell dir vor, du hättest ‚lebenslänglich' bekommen! Da wärst du neben Hess in Spandau gehockt, wohlgenährt, uralt, weil ohne jede Aufregung, und es hätte großen Knatsch gegeben, wenn ich mir als dein Sohn verbeten hätte, dass der Bundespräsident um eure Entlassung bittet, weil ich es einfach nicht ertragen hätte, deine mümmelnden Selbstrechtfertigungen jetzt auch noch im eigenen Hause zu haben ... Und wenn mich auch hier das Mitleid ankommt und ich mir den alten Mann vorstelle, wie er, unendlich isoliert, auf den Tod wartet, schiebe ich flugs im Hirn wie bei einem Diaprojektor das Gegenbild vor die Linse, stelle mir ebenso intensiv eine polnische, eine russische, jüdische Mutter vor, die . . . vor dem verknitterten Bild ihres einzigen Sohnes sitzt, den du erschossen, erschlagen, vergast, mit dem Kopf gegen eine Hauswand geknallt hast, wie das so Brauch ist, wenn man ,die Kultur wieder in Gang' bringen möchte, wie du einmal so schön das Ziel Eures Krieges beschrieben hast."

Verzeihen ist eine hohe Kunst. Mit Sicherheit heißt es nicht, klein beizugeben, zu Kreuze zu kriechen, zu vergessen, einfach Nachsicht zu üben, das Schlimme zu bagatellisieren und zu rationalisieren („Prügel haben noch keinem geschadet"). Es heißt vielmehr, sich mit dem Kind von damals noch einmal zu solidarisieren, seiner Not zu erinnern, zu beweinen und zu bewüten. Die Reise des Verzeihens ist ein Weg des Verstehens: Was und warum es geschehen ist, was Vater mit mir gemacht hat. Indem ich das Vergangene derart begreife, stelle ich mich den *unerledigten Geschäften* der Vater-Sohn-Beziehung.

Ein Kind, das weinen durfte, gewinnt sein Lachen wieder. Ich weise der Vergangenheit den ihr angemessenen Platz zu. Ich lasse den Schmerz zurück und werfe das alte Drehbuch über Bord meines

Lebensschiffes. Ich war, wie wir das bei Walter Kohl und Xavier Naidoo gesehen haben, ein Opfer. Das ist das *factum brutum*, die hässliche Tatsache. Aber jetzt lege ich die Scheuklappen des Opfers ab und finde zur Selbstachtung und damit zur Heilung. Ich bin mehr als meine Verletzungen. Will ich, Mathias, mich mit meinen über siebzig Jahren immer noch als heilloses Internatskind definieren und mit meinem Lebenszug weiter auf den Opferschienen in die Zukunft rollen?

Es ist ein Zirkelschluss: Wenn ich verzeihen kann, werde ich reif, wenn ich reif werde, kann ich verzeihen. Dankmar bezeichnet das Verhältnis zu seinem Vater „als immer noch schwierig". Seine Eltern haben sich getrennt: „Das habe ich als Erleichterung und Befriedung des Haussegens empfunden." Als Nachkriegskind hatte der Vater „die Kindheit sicher als Zeichen des Mangels empfunden, den er innerlich wohl auch nie richtig überwunden hat. Ich nehme seinen Charakter nun eher gelassener hin. Nach dem Motto ‚Einen alten Baum verpflanzt man nicht'. Er wird auch ein bisschen so etwas wie altersweise." Um zu verzeihen, muss Dankmar selbst noch wachsen: „Dazu muss ich allerdings erst einmal mit meinem Selbst Frieden schließen, was dauerhaft auch schon schwer ist."

„Viel Übles hab' an Menschen ich bemerkt / Das Schlimmste ist ein unversöhnlich Herz", klagt der österreichische Dramatiker Franz Grillparzer (1791 – 1872) in seinem Schauspiel *Medea*. Herbert, von dem wir an früherer Stelle gehört haben, hatte, wie erinnerlich, einen Vater, der von seinem Stiefvater in der Landwirtschaft massiv geschunden wurde und noch als blutjunger Soldat in Kriegsgefangenschaft geriet. Jetzt sagt Herbert zur Frage der Versöhnung: „Ich weiß nicht, ob ich es Verzeihung nennen soll. Im Nachhinein betrachtet gibt es nichts zu verzeihen, nur zu verstehen. Das wurde mir möglich, nachdem ich mich mit seiner Kindheit und seinem Lebensweg intensiv beschäftigt hatte. Jetzt bin ich mit meinem Vater im Reinen und kann sein Verhalten nachvollziehen. Dadurch hat sich unser Verhältnis zueinander deutlich verbessert."

Knut musste erleben, dass sein Vater nach langer Krankheit am Dialysegerät starb. „Ich habe ihm wenig anvertraut", schreibt er, „da von ihm meist nur Vorhaltungen kamen. Wir waren oft auf Konfrontationskurs". Zwischen „genügend" und „ungenügend" wertet er seine Beziehung zu ihm. Erst als er im Sterben lag, konnte der Vater Umarmungen zulassen: „Die letzten Wochen haben wir viele intensive Gespräche geführt, über den Krieg, über seine

Ehe. Sein Tod hat uns alle zusammengeführt. Wir Kinder haben uns erstmals alle umarmt. Was in anderen Familien normal war, spürten wir erst nach seinem Ableben." Der Vater trieb es streckenweise schlimm: „Weil er immer fort war, zockte, spielte oder sonstwo bei irgendwelchen Bräuten war, statt bei unserer Mutter und uns". Inzwischen hat Knut selbst ein wildes Leben hinter sich, eine „krachende, fette Insolvenz", eine gescheiterte erste Ehe, eine zweite Frau, die dem Alkohol verfiel, Co-Abhängigkeit, eigene Alkoholprobleme, Entzug, suizidale Stimmungslagen, einen Motorradunfall, eine „intensive therapeutische Tiefendurchspülung", Übergewicht und Reduktion um dreißig Kilo: „Ein Bungee-Sprung setzte ein Zeichen, und ich saß im ersten GGB-Seminar. Ich bin ‚glücklich geschieden', besuche regelmäßig meine Al-Anon-Gruppe (Selbsthilfegruppe für die Partner von Alkoholkranken – M. J.), meine Online-Gruppe, wenn ich es schaffe, auch meinen Therapeuten. Heute sind meine Süchte, Löcher und Flecken treue Begleiter. Sie schützen mich vor Rückfällen." Inzwischen ist Knut mit einer neuen Partnerin in einer „freien, ungezwungenen Beziehung, denn Liebe ist frei von Sucht, von Gründen, von Verlangen, von Ersatzbefriedigungen."
Knuts existenzieller Satz gegenüber dem strauchelnden Vater wäre: „Ich habe alles gemacht wie du, nur

etwas anders, nur einige Nummern größer. Dann bin ich bei mir angekommen, und mit etwas Glück werde ich glücklich und zufrieden steinalt."

Adolf hätte allen Grund, von einem „Rabenvater" zu sprechen: „Schizoider, abwesender Vater, da er nach seiner regulären Arbeit jeden Tag, und auch Samstag, zusätzlich arbeitete. Er war Alkoholiker und gewalttätig gegen unsere Mutter. Die Scheidung erfolgte wegen uns Kindern sehr spät." Adolf: „Ich habe ihm verziehen, aber es wurde nie darüber gesprochen. Die Folgen seiner Alkoholexzesse habe ich zum Teil ausgebügelt. Seinen Autounfall mit Totalschaden habe ich bei der Versicherung als Wildschaden angegeben, das Auto über die Montagegrube gezogen und Unfallschäden beseitigt. Ich habe ihm verziehen, weil ich glaube, dass er durch seine kognitive Begrenztheit und sein elterliches und soziales Umfeld keine andere oder nur sehr begrenzte Entfaltungsmöglichkeiten hatte." Ein Sprichwort über den Trinker lautet: „Im Becher ersaufen mehr als im Meer."

Die Klagen der Söhne über Väter mit einem Alkoholproblem sind Legion. Diese Männer, arme Teufel zumeist, sind auch als Väter untergegangen. In vielen Fällen schlugen sie auch ihre Söhne. Ihre Schlagrituale sind wahre Folterszenarien. In der Seele dieser brutalen oder hilflos zurückweichenden Väter hausten fast immer die – nie behandelten – Komplexe von Depression, Minderwertigkeitsgefühlen und seelischer Verhärtung.

„Viel Groll, auch Dankbarkeit, aber kein Vergnügen" empfindet Waldo gegenüber seinem Vater. Er sagt aber auch selbstkritisch: „Ich gab ihm nie eine Chance, ich habe mich nie in seine Lage versetzt, ich scheute jede Konfrontation. Ich habe ihm verziehen. Ich habe es ihm gegenüber nicht ausgesprochen. Verziehen, weil ich ihn als liebevollen Ehemann meiner Mutter erlebte, als sie krank wurde und starb."

Bodo fühlte sich von seinem Vater „als Sohn nie richtig wahrgenommen". Das Verhältnis sei verheerend gewesen. „Schöne Erlebnisse: Fehlanzeige. Statt dessen: bittere Prügelstrafen." Und doch: „Ich habe ihm verziehen, weil der Krieg ihn so verändert hat. Meine Geschwister, die alle vor dem Krieg in Schlesien geboren wurden, kannten meinen Vater ganz anders, nämlich als liebevoll und lebensfroh. Der verdammte Krieg!"

Der verdammte Krieg. Er war umso verdammter, als die weit verbreitete Sprachlosigkeit dieser Vätergeneration eine Aufarbeitung der Gräuel und der Selbstverstrickung in den Faschismus nicht zuließ. Das von Alexander und Margarete Mitscherlich 1967 veröffentlichte Werk *Die Unfähigkeit zu trauern* stieß bei der erdrückenden Mehrheit der kriegsbeteiligten Männer dennoch auf erbitterte Ablehnung. Die Gewalt des Krieges und die – unerlöste – Gewalt prügelnder Väter nach 1945 stehen, wenn man die Studie der beiden Psychoanalytiker liest, in einem inneren, tiefenpsychologischen Zusammenhang. Sie analysieren (20. Auflage, 2007, S. 23): „Auch die Millionenverluste des vergangenen Krieges, auch die Millionen getöteter Juden können nicht daran hindern, dass man es satt hat, sich an diese Vergangenheit erinnern zu lassen. Vorerst fehlt das Sensorium dafür, dass man sich darum zu bemühen hätte – vom Kindergarten bis zur Hochschule –, die Katastrophen der Vergangenheit in unseren Erfahrungsschatz einzubeziehen, und zwar nicht nur als Warnung, sondern als die spezifisch an unsere Gesellschaft ergehende Herausforderung, mit ihren darin offenbar gewordenen brutal-aggressiven Tendenzen fertig zu werden."

Jonas hat noch einen bitteren Geschmack auf den Lippen: „Vater hat sich für meine Probleme als Kind nie interessiert. Ich musste immer alles allein lösen.

Das habe ich aber als Kind für normal gehalten. Meine Eltern ließen sich scheiden, als ich vierzehn war. Für mich war das bedrohlich. Ich war unendlich wütend auf meinen Vater, dem ich dafür die Schuld gab." Aber: „Er lebt noch. Wir sehen uns öfter. Er kümmert sich oft um meine Kinder. Es war schwierig, wir haben uns zwanzig Jahre lang nicht gesehen. Ich habe ihm verziehen, weil ich nun weiß, dass er, so wie er denkt, nicht anders konnte. Ihm standen gedanklich keine anderen Mittel zur Verfügung." Beim Verzeihen halfen seine Frau und eine Therapie: „Ja, ich habe ihn um Verzeihung bitten müssen. Ich habe ihn verurteilt. Die zwanzigjährige Trennung ging von mir aus." Jonas' Beispiel zeigt uns Söhnen eines: Wir sind dem Vater gegenüber nicht nur Opfer. Häufig werden wir, im Gegenzug, auch zu Tätern.

Hilmar denkt mit „gemischten Gefühlen" an seinen Vater. Einerseits fuhr er mit ihm allein mit dem Motorrad zum Dümmer See, andererseits verprügelte dieser ihn, „weil meine Mutter es ihm aufgetragen hatte". Zwischen „befriedigend" und „ungenügend" schwankt seine Benotung. Allerdings rühmt er „Vaters handwerkliche Fähigkeiten, positives Frauenbild, Ordnung und Umgang mit Geld". Wie viel Liebe des Sohnes war doch da. Hilmar: „Mein

Vater starb plötzlich an Herzinfarkt. Ich habe seinen letzten Atemzug mitbekommen und war todtraurig. Mein Vater war sehr dominant, autoritär. Ich habe das verstanden, denn sein Vater war brutal. Mein Vater hat mich öfter geschlagen. Ich habe als erwachsener Sohn dennoch innerlich Frieden mit ihm geschlossen. Als er alt war, hat sich das Vater-Sohn-Verhältnis umgekehrt. Ich habe für ihn ein Haus gebaut und wichtige Dinge für ihn entschieden."

Dr. Max Otto Bruker, einer der Nestoren der psychosomatischen Medizin, plädierte ein Leben lang für eine Ursachenforschung in der Medizin wie in der Lebensberatung, statt symptomatischer Linderungsbehandlung. Das praktiziert auch Emil trotz allem Groll gegenüber seinem inzwischen verstorbenen Vater: „An ein schönes Erlebnis kann ich mich nicht mehr erinnern. Dagegen an bittere Kindheitserlebnisse schon eher. Bei Diktatfehlern war er sehr ungehalten, und ich bekam immer Kopfnüsse. Bei Schularbeiten blies er mir manchmal den Qualm seiner *Handelsgold* unter die Nase. Als ich das kritisierte, platzte es aus ihm heraus: ‚Du Rotzlöffel willst mir doch nicht das Rauchen verbieten!'. Einmal standen wir uns bei einer Meinungsverschiedenheit kampfbereit gegenüber. Nur meine Mutter konnte die Schlägerei verhindern." Aber: „Ich habe ihm vor einigen Jahren verziehen, mental inspiriert durch das Hörbuch von Collin Tipping *Die radikale Vergebung*. Als Bruker-Sympathisant habe ich natürlich nach den Ursachen geforscht und kam zu der Erkenntnis, dass ihn seine Erziehung in den Kadettenanstalten und das damalige System geprägt hatten. Obwohl er mit dem System nicht einverstanden war, musste er seinen Dienst als Polizeioffizier tun, um unsere Familie mit vier Kindern durchzubringen."

Beim Unfalltod seines Vaters war Hans-Jürgen dreiundvierzig: „Das war ein Schock! Obwohl meine Beziehung zu ihm eher „genügend" war." Hans-Jürgen: „Ich war kein angepasster Sohn. Ich habe gesagt oder gefragt, was ich dachte. Dafür gab es oft Schläge: ‚Du sollst nicht das letzte Wort haben!' Leicht hatte es der Vater nicht: „Er war das jüngste von vier Geschwistern und hatte keine schöne Kindheit: Der zweite Sohn hat Zahnarzt studiert und war das bevorzugte Lieblingskind. Für meinen Vater blieb nur das Malerhandwerk. Er hat Arbeitslosigkeit und Arbeitsdienst erlebt. Er hat den Krieg heil überstanden." Die Versöhnung holt Hans-Jürgen jetzt bewusst nach. Geholfen hat ihm dabei ein Selbstfindungswochenende in einer Männergruppe.

Wie schreibt der Romanist und Philosoph Montaigne (1533 – 1592) in seinen *Essays*: „Unsere Seele weitet sich in dem Maße, wie ihr neue Inhalte zugeführt werden." Gerade die Therapie – oder die Selbsthilfegruppe – konfrontiert Männer mit neuen, existenziellen „Inhalten". Sie bieten Chancen für seelische Veränderungen – „Arbeit am Charakter" (Fritz Künkel), die weit über die Möglichkeiten der Einzeltherapie hinausreichen: Wir erleben die positive Entwicklung anderer Gruppenmitglieder mit. Wir erfahren, dass wir mit unserer inneren Not nicht allein sind. Wir erkennen in den Übertragungen und Gegenübertragungen der Gruppe unsere Projektionen und Verdrängungen, unsere neurotischen Wahrnehmungen und Handlungsverzögerungen. Wir bekommen unsere Einmaligkeit und Liebenswertigkeit gespiegelt. Wir empfangen und geben Hilfe. Kurz: Wir wachsen in und an der Gruppe.

Die Versöhnung mit dem Vater kann auch durch die Traumarbeit geleistet werden, wie mir Hajo verrät: „Ich habe meinen Vater als häufig abwesend und eher desinteressiert an mir erlebt. Dabei war ich so stolz auf ihn. Er war Kapitän eines Passagierschiffes auf hoher See. Jahrelang träumte ich immer den gleichen Albtraum: Ich stand an einem Hafen. Das Schiff meines Vaters lief aus. Er hatte sich nicht verabschiedet, er winkte mir nicht. Dann verschwand das Schiff in Sekundenschnelle. Ich blieb allein zurück und weinte bitterlich. Ich kam von diesem sich wiederholenden Traum einfach nicht los. Ich fühlte mich auch als Erwachsener einsam und ungeliebt, sogar in der Ehe, was der wahren Situation überhaupt nicht entsprach. Deshalb ging ich in Therapie. Dies kostete mich ungeheure Überwindung, weil ich gewohnt war, alles Elend mit mir allein auszumachen und in mich hineinzufressen. In der Therapie ließ mich die Therapeutin mehrfach mit meinem – längst verstorbenen – Kapitänsvater sprechen. Ich musste auch seine Rolle einnehmen und als Vater mit mir, dem Sohn, sprechen. Das Ganze arrangierte sie als gestalttherapeutische ‚Stuhl-Arbeit'. Bald saß ich auf dem Hajo-Stuhl, bald auf dem Kapitänsstuhl. Das hat mich geheilt. Ich sah jetzt beide Realitäten – meine eigene und die des Vaters. Die Albträume hörten auf. Stattdessen empfing ich einen optimistischen und zukunftsweisenden Traum: Vater trat aus der Türe seines schönen Hauses, in dem ich jetzt selbst mit meiner Familie wohne. Er schloss mich in den Arm und sagte lächelnd: ‚Mein Lieber, das Haus und alles, was darin ist, gehört jetzt dir. Du hast es so verdient.' Dann löste er sich wie in einer Filmtrickaufnahme auf, und ich war glücklich beschwipst, als ob ich Champagner getrunken hätte."

Natürlich ist es wohl am schönsten, mit einem noch lebenden Vater in die klärende Aussprache zu kommen. Gibt es diese Gelegenheit, so lässt sie sich mit Anerkennung und Dankbarkeit orchestrieren. Es ist die Chance, das Heikle mit liebevollen Worten zu benennen und schonende Ich-Botschaften zu verwenden. Gut ist es dabei, wenn man den Vater großzügig zu einer Exkursion oder einem Kurzurlaub einlädt und ihn verwöhnt. Es ist unerlässlich, eine Vaterbeziehung mit ganz alltäglichen Aufmerksamkeiten – Emails, Telefonaten, kleinen Geschenken wie CDs und Büchern – zu pflegen und damit eine *Vaterkultur* zu installieren. Die Vaterbeziehung braucht, wie gutes Schuhwerk, ständige Pflege. Sie will, nicht anders als die Paar-, Geschwister- oder Freundesbeziehung, aktiv wahrgenommen werden. Wo wir nichts investieren, bekommen wir nichts zurück.

Was jedoch tun, wenn der Vater tot ist? Es bleiben dennoch drei hervorragende Wege: Der erste wäre, dem Vater in einer *Familienaufstellung* zu begegnen. Sie sollte handwerklich sauber und ohne esoterisch-spekulative Phantastereien sein, wie man sie häufig in den laienhaften Aufstellungen erlebt. Der Therapeut, die Therapeutin sollte mit der Geschichte der Ursprungsfamilie des Klienten vertraut sein und immer wieder rückfragen, ob die von ihm inszenierte Choreografie korrekturbedürftig und ob die Rückmeldungen der stellvertretenden „Familienmitglieder" stimmig sind. Mich selbst hat eine eigene Familienaufstellung wie ein Blitzschlag erhellt. Ich hatte meinen Vater ins hoffnungslose Abseits gestellt und uns Kinder um meine Mutter wie Rettungsschwimmer um eine Ertrinkende positioniert. Jetzt begriff ich, warum ich nie eine symmetrische Beziehung zwischen Vater und Mutter entwickeln konnte und in der kranken *Dyade*, der efeuhaft klammernden Zweierbeziehung mit meiner Mutter, verharrte.

Der zweite Weg könnte der *innere Dialog* sein. Das ist das, was Hajo mit seiner gestalttherapeutischen *Stuhl-Arbeit* praktizierte. Man kann diesen Dialog auch im stillen Kämmerlein schriftlich führen, sollte dabei aber gefestigter Stimmung sein und gegebenenfalls auf psychologische Hilfestellung zurückgreifen können. Aus meiner Lehranalyse habe ich noch so einen Dialog aufbewahrt:

Mathias: *Vater, warum hast du mir nicht gezeigt, was ein Mann ist?*
Vater: *Hab' ich doch.*
Mathias: *Wie denn?*

Vater: *Ich habe dir doch vorgelebt, was ein Mann ist.*

Mathias: *Das habe ich nicht gesehen.*

Vater: *Du hast es nicht sehen wollen.*

Mathias: *Stimmt. Ich habe dich mit Mutters Augen gesehen.*

Vater: *Was hast du da gesehen?*

Mathias: *Einen Verräter. Einen Strolch. Einen Egoisten. Einen Don Juan. Einen Schweinehund.*

Vater: *Das ist ein stattliches Strafregister. Lebst du damit gut?*

Mathias: *Nein. Das ist ja grausig. Ich kriege richtig Bauchweh dabei. Wenn ich dich so als Drecksack beschreibe, fühle ich mich selbst als Drecksack.*

Vater: *Was meinst du eigentlich, durfte ich mich von Mutter scheiden lassen?*

Mathias: *Nein. Doch. Ja. Vielleicht. Ganz bestimmt.*

Vater: *Was hättest du dir denn als Kind gewünscht?*

Mathias: *Dass du trotzdem mein Vater geblieben wärst. Dass du mich geliebt hättest.*

Vater: *Woher willst du wissen, dass ich dich nicht liebte?*

Mathias: *Aber du hast es so wenig gezeigt. Ich glaube, weil ich dich als kleiner Junge so unzuverlässig erlebte, habe ich fast mein ganzes Leben Männern misstraut.*

Vater: *Und für all das trage ich die Alleinschuld?*

Als dritten Weg, den lebendig nicht mehr erreichbaren Vater zu erreichen, schlage ich vor, einen *imagi-*

nären Brief zu schreiben. Ich weiß, wovon ich spreche. Ich habe, wie meine Therapeutenkolleginnen und -Kollegen auch, (hunderte Male) solche Briefe an die Eltern schreiben lassen. Ich bin immer wieder verblüfft und dankbar um ihre reinigende Wirkung. Aber auch ich selbst habe einen solchen Brief vor Jahren an meinen Vater geschrieben. Ich war damals in einer körperorientierten Gruppentherapie. Sie tat mir sehr gut und half mir, mich von Minderwertigkeitskomplexen, Suchtdisposition, Verkopftheit und vielem biografischen Ballast zu befreien. Die Unversöhntheit mit meinem Vater trieb mich um. Als ich zum wiederholten Male an den Schmerzen meiner *Vaterwunde* litt, schlugen mir meine beiden klugen Therapeuten Susanne und Harry vor, die Mittagspause des Selbsterfahrungswochenendes zu einem *Brief an meinen Vater* zu nutzen.

Ich tat dies und schrieb etwa zehn für mich aufwühlende Seiten. Ich klagte meinen Vater an. Ich konfrontierte ihn Punkt für Punkt mit all seinen „Untaten". Dabei weinte ich zum Steinerweichen allein oben im Gruppenzimmer. Fast noch mehr geweint habe ich, als ich Vaters schöne Seiten würdigte. Ich entschuldigte mich auch bei ihm, dass ich fast ein Leben lang mit der „geliehenen Stimme" meiner Mutter über ihn gesprochen und ihm damit den

Zugang zu meinem Herzen verwehrt hatte. Der letzte Satz des Briefes an meinen Vater lautete: „Ich liebe dich."

Über diesen Satz, der mir sozusagen herausrutschte, der in Wahrheit jedoch von meinem Unbewussten diktiert worden war, habe ich selbst am meisten gestaunt. Wenig später durfte ich meinen Brief in der Gruppe vorlesen. Die Männer der Gruppe scharten sich um mich und umarmten mich tief und fest. Es war, als ob sie einen „kollektiven Vater" symbolisierten. Ich weinte noch einmal herzzerreißend, dann brach mein Schluchzen wie bei einem Kind ab. Ich war befreit und fühlte mich wie ein Neugeborenes. Ich hatte meinem Vater endlich einmal gesagt, was mir auf der Seele lag. Zu Lebzeiten hatte ich mich das nicht getraut. Jetzt war die Situation bereinigt. Ich verbrannte den Brief und streute die Asche, wie mir die Therapeuten rieten, in einem Ritual auf sein Grab. Mein Kinderherz sagt mir: Der Brief ist angekommen. Vater nickt mir fröhlich zustimmend zu. Ende gut, alles gut. Ich bin bis auf den heutigen Tag versöhnt mit meinem Vater. In meiner Praxis habe ich ein großes Foto von ihm in einem schönen, würdigen Bilderrahmen aufgehängt. Ich sehe Vater täglich mit Wohlgefallen.

Während ich den Zeitpunkt zu Lebzeiten verpasste, hat Jakob rechtzeitig „zugeschlagen": „Als mein Vater siebzig wurde, habe ich ihm statt eines Geburtstagsgeschenks einen Brief geschrieben; das war zwar keine offizielle Bitte um Entschuldigung, wohl aber ein so deutlicher Wink mit etlichen Zaunpfählen, dass er – wie ich später hörte – sehr gerührt war. Er sagte, noch nie hätte er ein so schönes Geburtstagsgeschenk bekommen. Wenige Jahre darauf starb er. Jedenfalls herrschte zwischen uns Friede, wenn es auch nicht die große Zuneigung war."
Der Vater hatte ihn früher übrigens als Kommunisten „verdächtigt". Jakob: „Ich muss gestehen, dass er mit dem ‚Kommunist' nicht so ganz falsch lag. Das Gedankengut scheint mir vernünftig, nur wird es leider in der Politik meist von Egoisten und Eseln vertreten." Jakob selbstkritisch: „Ich habe irgendwann eingesehen, dass ich alles, was ich war . . . auch ihm zu verdanken hatte und dass ich ihm mit meinen ausgesprochenen und unausgesprochenen Vorhaltungen Unrecht tat. Es hat dann auch keinerlei Streit mehr gegeben."

Wie hilfreich ein Brief an den Vater zu Lebzeiten für die *Vaterversöhnung* sein kann, das beweist auch Siegbert. Er stellte mir seinen Brief aus dem Jahr 2009 zur Verfügung. Man muss dazu wissen, dass der Vater, als Siegbert mit neunzehn Jahren auszog, um zu studieren, ein Doppelleben begann: „Mit oscarreifen schauspielerischen Leistungen und Organisationstalent begann er eine Affäre mit einer sechzehn Jahre jüngeren Arbeitskollegin. Sie liebte ihn abgöttisch, erfüllte seine erotischen Phantasien und schenkte ihm ein Kuckuckskind: meine Halbschwester Annelie. Leider kann ich sie bis heute nicht kontaktieren – sie und ihr ‚Vater' (sozialer Vater – M. J.) wissen noch nicht um das Geheimnis. Erst nach elf Jahren flog die Sache (innerhalb unserer Familie – M. J.) auf, als meine Mutter einen Liebesbrief im Handschuhfach des Firmenwagens meines Vaters entdeckte. Sie weihte mich ein, konfrontierte ihn damit und nach zahlreichen Tagen, Ausflüchten und verzweifelten Notlügen brach das gesamte Lügenkartenhaus in sich zusammen. Vater gestand. Auch mir offenbarte er sich, nachdem ich ihn in einem Brief darum gebeten hatte. Vieles ließ sich nun für mich besser einordnen, warum Vater keine Zeit mehr für mich hatte und warum er so verschlossen war. Ich verstand die Lage meines Vaters. Ich konnte die Flucht in die Seitenbeziehung sehr gut nachvollziehen."

Die Ehe war nicht leicht gewesen. Schließlich hatten sich die Eltern zerstritten, sich scheiden lassen und wieder geheiratet: „Meine Mutter und mein Vater verachteten sich, stritten miteinander und beschimpften sich. Einige wenige Male prügelten sie sich sogar." Der Vater der frühen Kindheit, erinnert sich Siegbert, „war herzlich, tröstend, vertrauensvoll. Er hat sich viel um meinen Bruder und mich gekümmert und mir das Gefühl gegeben, etwas Besonderes zu sein. Er war mein emotionaler Rettungsring, denn meine Mutter, die ihrerseits unter einem Tyrannen aufgewachsen war, als junge Frau vergewaltigt worden war und ihre geliebte Mama früh an den Krebs verlor, konnte mir ihre Liebe nicht zeigen."

Mit welcher Bewegung dürfte Siegberts Vater den folgenden Brief seines Sohnes gelesen haben:

„Ich möchte Dir kurz die Dinge aus meiner Sicht erklären, damit Du besser verstehst, wie ich denke und fühle. Was geschehen ist, ist geschehen und alles hat auch seine positiven Seiten. Vielleicht erwächst uns allen nun eine große Chance. Ich mache Dir keine Vorwürfe. Ich kann Dich gut verstehen. Du hast Dich nach Zuneigung und Wärme gesehnt und hast wie jeder Mensch das Recht auf ein erfülltes und zufriedenes Leben. In der Konstellation mit Mutti konntest Du nicht glücklich werden. Du warst es auch nicht, das habe ich immer in Deinen Augen gesehen, auch wenn Du immer gesagt hast, es geht

Dir hervorragend. Traurige Augen lügen nicht! Ich habe als Kind schon sehr unter der ständigen Anspannung zu Hause gelitten, am schlimmsten war für mich, als ich ansehen musste, wie Ihr Euch einmal im Flur geprügelt habt, und ich wusste nicht, was ich machen sollte und wem ich beistehen sollte. Deswegen bin ich auch so sensibel geworden, was mein Leben einerseits schwierig gemacht hat, mich andererseits aber auch unglaublich bereicherte. Mittlerweile denke ich, es ist meine größte Stärke. Deswegen glaube ich auch, dass alles, was gewesen ist, seinen Sinn hat. Ich bin nicht traurig, wütend oder enttäuscht."

Siegbert fährt fort: „Als ich dann Jugendlicher war, hat sich unsere Vater-Sohn-Beziehung verändert. Ich habe all die Jahre nicht gewusst, warum. Ich bin darüber ziemlich verzweifelt, wahrscheinlich, weil ich es auf mich bezogen hatte und mich fragte, was ich falsch gemacht hatte, dass mein Vater mir gegenüber nicht mehr offen und ehrlich ist. Du hast mir in meiner schwierigsten Zeit einfach gefehlt, als Vater, als Vertrauensperson, mit der man offen und ehrlich reden kann. In all den Jahren hatte ich nur ein einziges Mal das Gefühl, mit Dir gut reden zu können. Das war, als ich kurz vor meinem 24. Geburtstag wegen des Studiums völlig verzweifelt war . . . Wenn

Du jemanden gefunden hast, der Dich so innig liebt, dann ist das etwas Wunderbares. Ich habe unbewusst auch schon bemerkt, dass es eine Verbundenheit zwischen Dir und Deiner Geliebten gab, allein wie sie Dich beim Volleyball angesehen hat ... so etwas entgeht einem sensiblen Menschen nicht. Eure Beziehung muss etwas Besonderes sein, wenn sie nach siebzehn Jahren immer noch so leidenschaftlich und bedingungslos ist. Ich glaube nicht, dass es Dir unter Alkoholeinfluss nur um körperliche Zuneigung ging. Du hast Dich danach gesehnt, wirklich geliebt zu werden und diese Gefühle auch erwidern zu können. Und uns, Deiner ganzen Familie, Deiner Mutter, Deiner Schwester und allen anderen musstest Du etwas vorspielen – sicherlich mit guten Absichten, um uns zu schonen. Das war bestimmt nicht einfach. Aber die Wahrheit ist, glaube ich, leichter zu ertragen, als siebzehn Jahre lang belogen zu werden. Das soll nicht vorwurfsvoll klingen, denn die Situation war sicherlich sehr kompliziert.

Jetzt möchte ich Dich bitten, bei Deinen Entscheidungen auf Deine eigenen Gefühle zu achten. Wenn Du Deine Freundin liebst, dann steh zu ihr. Eine erfüllte und erwiderte Liebe ist das Wunderschönste im Leben. Ich glaube, das ist der Weg zum Glück. Denkst Du nicht, dass es Dich erfüllen würde, mit ihr zusammenzuleben? Und Du hast es verdient, endlich glücklich zu sein! Was mich anbelangt, wünsche ich mir, dass ich Dich als Vater und Vertrauten zurückgewinne. Es stehen mir noch wunderschöne, aber auch schwere Aufgaben bevor und ich brauche Dich, Deinen Rat und Deine Erfahrung! Eine Vertrauensbeziehung funktioniert jedoch nur auf Grundlage von Ehrlichkeit und Offenheit. Ich habe den Eindruck, dass Du so schnell wie möglich Gras über die Sache wachsen lassen möchtest, Dich ein paar Wochen mehr um Mutti kümmerst, und dann gehen das ganze Versteckspiel und die Lügengeschichten so weiter. Bitte frag Dich selber, ob Du das wirklich möchtest! Es gibt doch immer Alternativen. Ich bin mir nicht sicher, was Deine Motive sind, jetzt so weitermachen zu wollen. Die Entscheidungen trefft Ihr jedenfalls ganz alleine, ich kann Euch nur Rat und Hilfe anbieten. Aber bitte sei ehrlich zu Dir selbst und zu allen anderen. Vielleicht hat Mutti doch auch noch ihre Chance auf ein zufriedenes Leben. Auch sie hat es verdient. Je eher, desto besser! Die Lügen und das Schweigen innerhalb der Familie müssen jedenfalls aufhören. Das wäre mein größter Wunsch. In Liebe, Dein Sohn".

Siegberts Vater hat die Liebe zu der anderen Frau nicht verwirklicht.

Wohl den ergreifendsten Bericht zur Vaterversöhnung hat mir Manuel geschenkt. Deshalb drucke ich ihn im Folgenden in Gänze ab:

„Mein Vater war ein stiller Trinker. Er trank heimlich, seit seiner Jugend schon, ein ganzes Leben lang. Als die Leberzirrhose ihn schließlich umbrachte, war er 51 Jahre alt.

Spätestens seit Beginn meiner Pubertät hatte sich unser Verhältnis dauerhaft abgekühlt. Zwar war er für mich auch in den Jahren zuvor eher der ‚abwesende Vater' gewesen, doch nun brachen die ersten Konflikte durch die dünne Oberfläche unserer familiären Harmonie. Ich gab Widerworte, suchte die Konfrontation, spürte seine Schwäche – und genoss die Solidarität und das Mitleid meiner klassisch co-abhängigen Mutter. Während der folgenden Jahre verfestigte sich diese Situation. Zwischen Vater und mir fand nur noch das Nötigste an Kommunikation statt. Mutter versuchte im Notfall, die Wogen zwischen uns zu glätten, war aber ansonsten mit weit schwereren Sorgenpaketen bepackt.

Neben ihren eigenen ernsthaften gesundheitlichen Problemen wusste sie bereits seit langem, wie es um meinen Vater stand. Zwischen allen Stühlen gefan-

gen, versuchte sie verzweifelt, seiner Sucht irgendeine Perspektive entgegenzusetzen, ihm bei beruflichen Schwierigkeiten zu helfen und gleichzeitig den
Familienfrieden zu wahren. Die Streitigkeiten zwischen Vater und mir wurden von ihm in der Regel
mit einem totalitären ‚Ende der Diskussion!' abge-
würgt – meist genau dann, wenn ich gerade glaubte,
argumentativ Oberwasser zu bekommen. Hilflos
heulend zog ich mich dann auf mein Zimmer zurück.

Doch der Gerechtigkeit wurde gelegentlich auch in
meinem Sinne Genüge getan: Im direkten Anschluss
an das unvermeidliche Türenknallen folgte ein erbit-
terter Wortwechsel zwischen meinen Eltern. Mein
Vater ging ‚frische Luft schnappen' (also für die
nächsten ein bis zwei Stunden in die Dorfkneipe),
und meine Mutter kam in mein Zimmer, um mich zu
trösten. Der Trost bestand allerdings hauptsächlich
darin, bei mir Verständnis für das ungerechte Verhalten unseres schwachen Patriarchen zu erbitten – ‚Er
kann doch nichts dafür!' Sie erzählte mir von seinen
grausamen Kindheitserlebnissen, wie schwer er es in
Kriegs- und Nachkriegszeiten hatte –, und wie viel
Ungerechtigkeit er selbst in seiner Herkunftsfamilie
erfahren musste ... Vor diesem Hintergrund blieb
mir eigentlich nur noch, Scham für mein eigenes,
kleinliches Gekränktsein zu empfinden.

Mein Vater hatte recht gut dotierte Arbeitsstellen, die er ab und an wechselte, wenn seine Alkoholsucht und ihre Begleiterscheinungen ihn in Schwierigkeiten brachten. Stets waren andere Schuld, niemals lag es an ihm. Da er durchaus humorvoll und charmant sein konnte, fand er zunächst immer wieder Vertrauen bei neuen Arbeitgebern. Die Arbeitsstellen lagen jedoch oft bis zu einhundert Kilometer entfernt. Mehrfach gelang es ihm so, seine Berufswelt zu einer regelrechten Schutzzone zu machen und sich mehr und mehr vom Familienleben abzuschotten. Ständig fand er Gründe, später nach Hause zu kommen oder über Nacht wegzubleiben. Nach außen hin waren ihm diese Umstände lästig, tatsächlich schuf er sich so ein ungestörtes Paralleluniversum für seine Sucht.

Jahrelang richtete sich jeder von uns so gut es ging in seiner eigenen Welt ein. Doch passend zum Zeitpunkt meiner Volljährigkeit verschärfte sich dann die Situation. Durch einen berufsbedingten Umzug hockten wir nun plötzlich alle aufeinander. Seit fast zehn Jahren mussten wir es zum ersten Mal wieder gemeinsam unter einem Dach aushalten. Ich denke, meine Eltern erhofften sich beide recht blauäugig ein wundersames Zusammenwachsen, einen unbeschwerten Neuanfang. Doch da jegliche

Tabula rasa ausblieb und niemand bereit war, eines seiner persönlichen, mühsam gepflegten Tabuthemen zu opfern, war der Versuch zum Scheitern verurteilt. Das Wunschbild der verständnisvollen, harmonischen Familie hatte keine Chance gegen unsere verhärteten, lange eingeübten Überlebensmuster. Wir lebten zusammen, aber jeder für sich allein.

Da Vaters Arbeitszimmer vom Eingangsbereich direkt einsehbar war, bekam ich nun ziemlich schnell ein Bild von seinem realen Alkoholkonsum. Jedes Mal, wenn ich die Haustür öffnete, folgte unmittelbar darauf ein leises Klirren. Es war das Geräusch einer Weinflasche und eines Glases, die er hastig im Schreibtisch versteckte. Manchmal demütigte ich ihn ganz bewusst. Ich verabschiedete mich, verließ das Haus und wartete eine Minute. Dann kehrte ich in vorgetäuschter Eile zurück, unter dem Vorwand, etwas vergessen zu haben – nur, um das Klirren erneut zu genießen. Es war wie eine Anklage, voller Hass und Rachegelüste für den Betrug an dem misslungenen Glück der Kindheit, Ekel vor seinem Trinkergeruch, Traurigkeit und Enttäuschung über seine Schwäche, Enttäuschung über einen Vater, der er mir nicht sein konnte.

In diesem Jahr begann ich selbst, täglich zu trinken. Ich betrachtete es als unvermeidlichen Prozess des Erwachsenwerdens und arbeitete zügig darauf hin, möglichst viel ‚zu vertragen'. Auch stellte ich erfreut fest, dass die Trinkerei in den angesagten Szenekneipen der fremden Stadt mir den Kontakt mit anderen offenbar erleichterte. Ich fand schnell neue Freunde. Wie mein Vater, so verheimlichte und leugnete auch ich jeden Alkoholkonsum meiner Mutter gegenüber. Ich mied zwar sorgfältig die Altherrenweinstuben und Restaurants, in denen er verkehrte, saß jedoch selbst täglich in unmittelbar benachbarten Kneipen – und brachte dennoch meinen neuen exzessiven Lebenswandel nicht mit seinem Suchtverhalten in Verbindung. Unbewusst, so bin ich heute sicher, suchte ich nach einem Teil von ihm. Und ich wurde im Trinken fündig. Ich entdeckte die trügerische Gnade der Verantwortungslosigkeit, das erleichternde Fallen in die Sinnlosigkeit einer Welt voller Willkür und ohne Hoffnung, die Kapitulation vor einem Leben, das nicht zu bewältigen ist.

Glück fand ich sprichwörtlich im Unglück. Nach sieben Jahren hatte die Gier nach dem Rausch längst begonnen, mein Leben zu bestimmen. Es ging mir körperlich schlecht, ich war nicht mehr in der Lage, konzentriert zu arbeiten, mein soziales Umfeld hatte

sich der wichtigsten Freizeitbeschäftigung ange-
passt – ich kannte praktisch keine ‚trockenen‘
Freunde mehr. In meiner Not gab etwas den Aus-
schlag zur Wende, was wie eine Ironie des Schicksals
erscheint: Verbunden mit dem schlichten körperlichen Elend, das ich durchlitt, fühlte ich eine ungeheure Scham, ein überwältigendes schlechtes Gewissen meiner Mutter gegenüber. So ödipal besetzt
dieses Gefühl auch gewesen sein mag, heute bin ich
zutiefst dankbar dafür. Es reichte aus, um den ernsthaften Wunsch nach einem Leben ohne Alkohol in
mir zu wecken, und ich blieb dabei, bis heute.

Neun Monate später starb mein Vater, schlecht ver-
sorgt von hilflosen Ärzten und überforderten Kran-
kenschwestern. Erst während dieser letzten Monate,
in denen er wie ein Gefangener seiner eigenen Ziel-
losigkeit in einem kleinen Krankenzimmer vegetier-
te, fanden wir zaghaft zueinander. Ich schaffte es
vielleicht fünfmal, ihn zu besuchen, manchmal erst
auf Drängen meiner Mutter hin – er hatte immer
wieder nach mir gefragt. Dabei konnte ich mir nie
vorstellen, dass er sich für mich interessierte, dass
ich ihm wichtig wäre. Umgekehrt wäre ich damals
ebenso wenig in der Lage gewesen, meine Wünsche
und Bedürfnisse an ihn zu richten.

So saßen wir beide voller Angst voreinander und vermieden bis zum Schluss, wirklich miteinander und übereinander zu reden. Wir waren wie Fremde in einem Warteraum, die sich davor fürchten, mit einem falschen Satz den anderen zu verletzen. So sprachen wir kein Wort über die Dinge, die uns wirklich betrafen. Dennoch gab es da ein Grundgefühl, ein Gemisch aus Traurigkeit und Liebe, das uns verband. In diesen wenigen Gesprächen fanden wir meist schnell zum Thema Musik. Ich hatte mit etwa zwölf Jahren meine Begeisterung für Blues und Rock 'n' Roll entdeckt und überrascht festgestellt, dass mein Vater Schallplatten von Louis Armstrong, Miles Davis und Elvis besaß. Daran erinnerte ich mich nun und nahm diesen Faden dankbar auf. In meinem unerwachsenen, depressiven Weltbild gefangen, schwadronierte ich bei unseren Begegnungen über die Schicksalsgeschichte der Afroamerikaner, die reine Seele der Bluesmusik, und dass ich ‚am liebsten auch ein Schwarzer wäre' ... Er hingegen, nicht weniger utopisch veranlagt, träumte davon, wieder einmal schwimmen zu gehen oder im Wald zu joggen. Dabei wussten wir beide, dass er dieses Zimmer nie mehr verlassen würde.

Bei meinem letzten Besuch delirierte er bereits stark. Er war nur für wenige Momente klar und ansprechbar, ständig fielen Angst und Wahn über ihn her. Ich versuchte, in ruhigem Tonfall irgendwelche Belanglosigkeiten zu erzählen, damit er meine Stimme hörte. Es war wie die Schlussszene in ‚Jenseits von Eden‘, die letzte Chance zur Versöhnung am Krankenbett – nur, dass ich nicht mehr wie James Dean ihn würde pflegen können.

Plötzlich hielt er mit zitternder Hand meinen Ärmel fest und bat mich, ganz nahe zu sich heran, er müsse mir ein Geheimnis verraten, das niemand sonst hören dürfe. Ich hielt mein Ohr dicht an seinen Mund, seine weit aufgerissenen Augen starrten mich ohne zu blinzeln an, ganz nah und ganz weit weg zugleich. Er begann, von einem Zettel zu reden, einer Urkunde, versteckt in unserem alten Haus: ‚Da steht drauf, dein Opa war ein echter Neger … Geh und hol dir den Zettel!‘ Zwei Tage darauf starb er.

In all seinem Irrsinn war dies für mich der rührende, aufrichtige Versuch, mir etwas von Bedeutung zu vermachen. Etwas, von dem mein Vater annahm, dass es mich glücklich machen würde: von echten ‚Blues People‘ abzustammen. Und Blues gab es wahrlich genug in unserer gemeinsamen Geschichte. Ich denke heute mit Trauer und mit Liebe an ihn.“

Die Liebe, das ist es. Sie sollte das letzte Wort haben. Ohne sie gibt es keine Vaterversöhnung. Hermann Hesse lässt es den alt und weise gewordenen Siddhartha am Ende seinem Freund Govinda sagen (ebd. Bd. 3, S. 468 f.): „Die Liebe, o Govinda, scheint mir von allem die Hauptsache zu sein. Die Welt zu durchschauen, sie zu erklären, sie zu verachten, mag großer Denker Sache sein. Mir aber liegt einzig daran, die Welt lieben zu können, sie nicht zu verachten, sie und mich nicht zu hassen, sie und mich und alle Wesen mit Liebe und Bewunderung und Ehrfurcht betrachten zu können."

Vaterschaft

Neue Männer sollten ganz besonders für ihre Söhne da sein. Kleine Jungen kommen ja nicht destruktiv und machtgeil auf die Welt. Sie haben Ideen, sind neugierig und wollen sich ausprobieren. Sie brauchen Aufgaben, an denen sie wachsen können, Gemeinschaften, in denen sie sich sicher und zugehörig fühlen, und vor allem männliche Vorbilder, die sie einladen, ermutigen, inspirieren und ihnen Orientierung bieten. Sie brauchen Väter, die für sie da sind, die sie mitnehmen in „die Welt".

Gerald Hüther, Neurobiologe
Zeitschrift *Wege* 2/2011, S. 20

Wie wir im letzten Kapitel sahen, ist das Thema Vaterversöhnung nicht einfach, besonders wenn es sich bei den Kontrahenten um starke Charaktere handelt. Denn der Sohn entwickelt sich im komplizierten Wechselspiel von Nachahmung und Konkurrenz mit dem Vater. Der Publizist Alois Prinz registriert (in: *Rebellische Söhne*, 2010, S. 8): „Die Beziehung von Sohn und Vater ist und bleibt zwiespältig. Selbst in den schwierigen, ja sogar hasserfüllten Beziehungen gibt es immer auch versöhnli-

che und liebevolle Züge. Achtung und Ablehnung, Hass und Liebe, liegen bei diesem Thema sehr nahe beieinander."

Der Tod des Vaters ist, wie viele Männer in ihren Antworten offenbaren, ein großer Schock, denn er konfrontiert den Sohn mit seiner eigenen Unsicherheit und Zerbrechlichkeit. Immerhin stand der Vater, auch und gerade wenn er streng war, für die, freilich illusionäre, gefühlte Lebenssicherheit. Jetzt, mit dem Tod des Vaters, wird die Luft für den Sohn dünn. Er selbst muss meist wie nie zuvor in die stabilisierende Rolle eines Vaters eintreten. Sicherheit gibt ihm nur der schmale Weg der Pflicht „Der König ist tot – es lebe der König!". Der neue Vater wird in dem Augenblick noch einmal geboren, wenn der alte tot ist. Die Mutter kann dem Sohn in dieser Situation nicht viel helfen. Sie wird in der eigenen Trauersituation eher dazu neigen, sich als Trost stärker an den Sohn zu klammern.

Es ist meine Aufgabe, den „Rabenvater" in mir zu entdämonisieren, ihn zu würdigen und ihn, gleichsam wie im positiven Finale der Familienaufstellung, schützend hinter meinen Rücken zu stellen. Die Wege zur Mannwerdung führen durch das Nadelöhr der Väterlichkeit. Wie wir sahen, gehört dazu zunächst die erinnernde Aneignung des Vaters. Das verlangt Einsatz von mir. Ich muss ihn selbst befragen oder, wenn er tot ist, auf Erkundungsreise bei seinen Geschwistern, Freunden, Kollegen und seiner Ehefrau gehen.

Wenn mir ein Klient in der Vaterarbeit sagt, er könne sich an kein einziges schönes Erlebnis mit seinem Vater erinnern, bin ich zunächst mehr als skeptisch. Hat es überhaupt kein Geben und Nehmen gegeben? Hat der Vater nicht ein einziges Mal mit dem Sohn gespielt? Der Lackmustest für mich ist dann jedes Mal die Frage nach Weihnachten. Fiel das einfach aus? Hat der Vater keinen Tannenbaum aufgebaut, kein Spielzeug gebastelt, kein Lied mit den Kindern gesungen? „Doch, doch", höre ich dann plötzlich, „an Weihnachten 1946 hat er mir eine Apfelsine auf den Gabentisch gelegt. Das war damals ein großes Geschenk." Gab es nie die ersten Bauklötze, die erste Puppe, den ersten Teddy, den ersten Ausflug, das Schwimmenlernen, Balgen, Albernheiten, gemeinsames Lachen? Stand der Vater immer abseits? Wohnte er im Keller? Hast du, frage ich, nie als Kind dem Vater Löcher in den Bauch gefragt und auch mal eine Antwort bekommen?

Horst Petri bemerkt dazu (in: *Väter sind anders*, ebd. S. 188): „Diese *Formulierung* drückt doch deutlich die Einverleibungstendenz der oralen Lust aus. Eltern ‚geben' pausenlos Antwort, ‚füttern' die Kleinen mit Wissen und stopfen die hungrigen Mäuler mit Informationen. Die ritualisierte Form von Frage und Antwort ist Ausdruck wechselseitigen Nehmens und Gebens."

Vielleicht haben wir uns aber auch – bewusst oder unbewusst – Väterlichkeit von einem anderen Mann geborgt. Friedrich Nietzsche, der Psychologe unter den Philosophen, ermuntert uns in seinem Aphorismenwerk *Menschliches, Allzumenschliches*: „Wenn man keinen guten Vater hat, soll man sich einen anschaffen." Mir selbst ist diese „Adoption" eines guten Vaters unbewusst gelungen. Es war mein philosophischer Doktorvater. Der liebte mich. Ich war wohl der Sohn, den er sich wünschte. Seine eigenen Söhne lasen keine Zeile seines Werkes. Sie standen seiner Geistigkeit mit Unverständnis gegenüber. Ich liebte ihn, weil er der Archetyp des „weisen Mannes" war, der mich als Mentor in die Welt des philosophischen Denkens einführte, sich an meinem denkerischen Enthusiasmus entzückte und mir seine Wertschätzung schenkte. Seit damals ahne ich, dass wir für unsere Mannwerdung mehrere geistige Väter brauchen. Wir finden sie in Lehrern, Chefs und Freunden. Wenn man das Glück hat, mehrere Freunde zu haben, so erlebt man in jedem eine eigene stimulierende Lebenswirklichkeit. Vielleicht lernen wir bei dem Freund genau das, was uns der Vater in seiner Homophobie nicht zu lehren vermochte, nämlich auch einen Mann zu herzen und zu küssen. So gesehen dürfen wir Männer uns auch von einem Freund die vermisste väterliche Zärtlichkeit holen.

Ob Freund, Kollege, Ausbilder oder geistiges Vorbild, es gilt die Feststellung des schwedischen Dramatikers August Strindberg (1849 – 1912) in seinem autobiografischen Roman *Der Sohn der Magd*: „Für die Entwicklung einer Seele zu einem reichen, freien Leben sind viele Kontakte nötig. Je mehr Menschen man sieht und spricht, desto mehr Gesichtspunkte, desto mehr Erfahrung gewinnt man." Wie steht es bei dir, lieber Bruder Mann? Holst du dir das in einer Männerfreundschaft oder zählst du zu jenen neun von zehn deutschen Männern über vierzig, die, laut Umfrage, keinen Freund besitzen? (Von zehn Frauen über vierzig besitzen, derselben Umfrage zufolge, neun eine beste Freundin!)

Vaterschaft zu leben ist aber auch für kinderlose Männer möglich. Ich selbst habe das erlebt. Da mir eigene biologische Kinder versagt blieben (ich hatte bereits zwei Kinderzimmer in meinem Haus eingerichtet), übertrug ich mein sozusagen ungenutztes väterliches Potenzial auf die Fürsorge von jungen Menschen. Unter anderem habe ich drei von ihnen bei der Ausbildung finanziell unterstützt und habe dabei viel Liebe zurückbekommen. Das Fürsorglich-Väterliche lebe ich seit vielen Jahren auch in meiner therapeutischen Arbeit aus. Allerdings hat das Schicksal mir spät in meinem Leben das Füllhorn ausgeschüttet und mir meinen klugen und schönen Adoptivsohn Martin geschenkt.

Vaterschaft, so weiß ich heute, lässt sich darüber hinaus auch als soziales, ökologisches und pazifistisches Engagement wirkmächtig realisieren. Leo N. Tolstoi (1828 – 1910), der als sozialreformerischer Dichter gleichsam die Welt umarmte, forderte: „Nein, diese Welt ist kein Scherz, nicht bloß ein Teil der Prüfungen und des Übergangs in eine bessere, ewige Welt, sie ist eine der ewigen Welten, schön und freudvoll, und wir können nicht nur, nein, wir müssen sie noch schöner und noch freudvoller machen für die, welche mit uns leben, und für jene, die nach uns darin leben werden (*Tagebücher*, 1884).

Einer der schönsten Momente der Vaterschaft scheint mir die *Vaterschaft für sich selbst*. Die Kindheit können wir nicht zurückholen. Erwachsen werden bedeutet, einem berühmten psychologischen Diktum zufolge, es aufzugeben, um eine bessere Vergangenheit zu kämpfen. Aber es liegt an mir, mich heute so zu *bevatern*, wie ich es als Kind gebraucht hätte. Einfach lieb mit mir umzugehen, mich zu verwöhnen, jeden Tag mit einem Glanzlicht zu erhellen: joggen, saunieren, barfuß durchs Gras laufen, Musik hören, Hand in Hand mit der Frau oder einem der Kinder spazieren, sich etwas Schönes kochen, ein Buch oder eine neue Jacke kaufen, sich vollwertig ernähren, den nächtlichen Sternenhimmel bestaunen, mit dem Hund zu albern und tausend andere schöne Dinge tun. In meiner Praxis liegen große prächtige Stofftiere, ein weißer sibirischer Tiger, ein pechschwarzer Panther und eine Löwin mit Baby. Natürlich benutze ich sie für meine gestalttherapeutischen Arbeiten – in tiefster Absicht habe ich sie jedoch für den kleinen Mathias, das Kriegskind, gekauft und keinen Preis gescheut! Sich selbst zu bevatern könnte auch bedeuten, ein Kinderbild von sich selbst in der Wohnung an gut sichtbarer Stelle aufzuhängen. Man kann sogar darunter, wie mancher Katholik bei seinem Marienaltärchen, einen Blumenstrauß stellen . . .

Vaterschaft für den kleinen Jungen, der ich einmal war, zu übernehmen, bedeutet Befriedigung der eigenen Seele. Ich selbst habe lange Zeit den kleinen Mathias in mir als Bettnässer, sportliche Niete und Schulversager abgelehnt und abgewertet. Heute empfehle ich, wie die meisten Therapeuten, Männern mit dieser Selbstabwertung, einmal einen Liebesbrief an den Jungen von damals zu schreiben. Marc hat dies in berührender Zärtlichkeit getan:

„Lieber Marc, ich schreibe Dir um als Erstes zu sagen, dass ich Dich sehr liebe und Dich mit großer Freude und warmem Gefühl in mir spüre und trage. Du warst als kleines Kind etwas ängstlich und wolltest nie zu fremden Leuten auf den Arm. Du wolltest immer nur entweder Deine Mama oder am liebsten zu Deinem Papa. Hier hast Du Dich total sicher und wohlgefühlt. Du liebtest es, mit ihm spazieren zu gehen; dabei warst Du glücklich und hast gestrahlt. Überhaupt hast Du viel gestrahlt und Dich gefreut! Dieses Strahlen ist auch heute noch in Dir. Du warst ein fröhlicher kleiner Junge, der natürlich auch gerne gespielt hat. Leider war Deine Oma etwas streng und hat Dich immer ermahnt, aufzupassen und Dich nicht dreckig zu machen. Du bist recht behütet aufgewachsen und hattest eine sehr liebevolle, aber manchmal auch etwas sturköpfige Mutter.

In der Schule warst Du recht fleißig und hast gerne gelernt. Speziell Rechnen machte Dir Spaß. Hier hast Du einen großartigen Grundstein für Deinen späteren beruflichen Lebensweg gelegt. Gleichzeitig hast Du Dich immer sehr über das Lob für Deine Leistungen gefreut.

Leider warst Du etwas klein und schmächtig und auch nicht so wortgewandt wie manche Deiner Altersgenossen. Deshalb fühltest Du Dich öfters zurückgesetzt beziehungsweise hattest das Gefühl, dass andere bevorzugt wurden. Dies hat Dich sehr gekränkt. Als Kind warst Du recht schüchtern. Andere Kinder konnten sich viel besser ‚in Szene setzen' und hatten interessante Geschichten zu erzählen. Du warst eher still, und es gab auch eine Zeit, in der Du wegen Deiner Stimme und Deines Lispelns gehänselt wurdest. Ich weiß, dass Dir dies sehr wehtat.

Du hast Dich nie geprügelt und gingst meistens einem Streit aus dem Weg. Ich sehe auch, dass Du Dich wegen der Krankheit Deiner Mutter geschämt hast. Manchmal musstest Du mit ihr allein sein und dabei wurdest Du sehr überfordert. Aber Du hast alles bravourös gemeistert. Mit 14, 15 Jahren hast Du es geliebt, alleine in die Stadt zu fahren und Dich dort in Buchhandlungen und der Stadtbibliothek aufzuhalten. Bücher mochtest Du, speziell Chemiebücher. Dies wurde für 1–2 Jahre Dein Hobby.

Zuvor warst Du, nach Deiner eigenen Konfirmation, Konfirmandenhelfer beim evangelischen Pfarrer. Hier hast Du Dich etwas in der Rolle des Lehrers gefühlt. Du wolltest danach auch Lehrer werden. Ich glaube, Du warst sehr gut und engagiert dabei.

In der Pubertät machtest Du mit Deiner großen Zurückhaltung und Schüchternheit leidvolle Erfahrungen, da Du nie ein Mädchen als Freundin gewinnen konntest. Du warst auch sehr verklemmt und hast Deine Sexualität nie gezeigt beziehungsweise fast ignoriert. Anfangs dachtest Du noch, dass Du hübsch seist, aber es kamen mehr und mehr Zweifel, und Du dachtest, dass es nicht nur an Deiner Schüchternheit und mangelnden Redegewandtheit, sondern auch an Deinem kleinen und dünnen Körper(bau) liegt.

Mit der Zeit mochtest Du Dich und Deinen Körper immer weniger. Und dabei warst Du so ein hübscher und herz- und liebevoller Junge. Du hättest Dich ruhig mehr trauen können und Dich von einzelnen Ablehnungen nicht so entmutigen lassen sollen.

Mein kleiner Marc, ich bin sehr stolz auf Dich und danke Dir für all Deine tollen Leistungen. Nur so konntest Du eine sehr gute Ausbildung machen, dann auf dem zweiten Bildungsweg das Abitur neben der Arbeit nachmachen und schließlich sogar noch erfolgreich studieren. In der Zwischenzeit hast Du auch viel in fremden Ländern und Städten gearbeitet und lebst seit über 22 Jahren in Berlin.

In großer Liebe und voller Stolz, Marc"

Die *via regis*, der *Königsweg* der männlichen Versöhnung mit sich selbst, ist die eigene *Vaterschaft*. „Wenn du lebst, ohne Vater geworden zu sein", sagt ein russisches Sprichwort, vielleicht etwas drastisch, „wirst du sterben, ohne ein Mensch gewesen zu sein". Aristoteles meinte, der fundamentalste Akt der Menschen bestehe darin, Wesen wie sich selbst zu zeugen und dazu am Ewigen teilzuhaben. Ein Mann, der Vater wird, aktiviert nicht nur sein Potenzial, neues Leben zu schaffen, sondern er hat die Möglichkeit, auch fürsorglich-väterliche Anteile in sich zu entwickeln. Wer als Mann sein Kind regelmäßig füttert, wäscht, windelt, tröstet, aufmuntert, mit ihm spielt, mit ihm die Welt entdeckt, der tut das an seinem Kind, was er selbst für sich als Bub ersehnt hätte. Er kommt über das Kind zu sich. Indem der Mann neues Leben zeugt, transzendiert er die eigene Sterblichkeit. Er akzeptiert, dass das Kind einmal an seine Stelle treten wird. Mit dem Kind, das geboren wird, erscheint die sterbliche Natur wieder in einer neuen Gestalt. Kann man dann noch, wie viele Männer, den Elternabend in der Grundschule schwänzen und die Ehefrau allein dort hingehen lassen? Ein Mann, dem seine Kinder ebenso wichtig sind wie sein Beruf, vielleicht sogar wichtiger, der gewinnt Distanz zur früheren väterlichen Nur-Leistungswelt. Er kann in seinem Kind sein eigenes Kind sein und es noch einmal urmächtig zulassen. Er kann der Vater sein, den er selbst sich gewünscht hätte, und sich über das außergewöhnliche Kind, das ihm seine Frau geboren hat, als *das* Geschenk des Lebens freuen.

Der amerikanische Schauspieler Danny deVito formuliert diese Seelenkur durch den Sohn so: „Wenn man Kinder hat, ist das eine wichtige Sache. Man durchlebt die eigene Kindheit noch einmal. Wenn Sie eine gute Kindheit hatten, können Sie diese noch mal erleben. Wenn Sie nicht wirklich eine Kindheit hatten, können Sie das nachholen." (aus: *Frankfurter Allgemeine Sonntagszeitung*, 22. 07. 2012)

Die Antworten der Männer auf den Fragebögen geben das ganze Spektrum zwischen Vaterglück und Vaterschwierigkeiten wieder. Ansgar konstatiert selbstkritisch: „Es ist immer schwierig, sich selbst als Vater zu beurteilen. Doch ich denke, dass genau die Dinge, die mich bei meinem Vater als Jugendlicher genervt haben (altmodische Einstellung, Musikgeschmack etc.), heute unsere Söhne bei mir nerven. Vor allem unseren jüngeren Sohn, der jetzt sechzehn ist und fast ausschließlich die aufmüpfigen, relativ melodiefreien Songs der Rapper hört und meint, jeden elektronischen Schnickschnack haben zu müssen. Ich sehe mich nun oft in der Rolle, die mein Vater damals bei mir hatte. Ich mache mir da überhaupt nichts vor."

Auch Bruno sieht nicht nur eitel Harmonie. Er sucht zwar die Gemeinsamkeit mit den Kindern, aber er scheitert oft an der beruflichen Realität: „Leider bin ich die ganze Woche beruflich unterwegs und nur am Wochenende zu Hause. Da ist die Zeit immer sehr knapp. Das sehe ich als großen Nachteil für uns alle an. Ich versuche aber, mit meinen Kindern über SMS, Facebook, Telefon oder Mail Kontakt zu halten." Aber nicht alle Vorsätze lassen sich verwirklichen.

Joe berichtet: „Selbstverständlich versucht man als Vater, alle Fehler aus dem eigenen Elternhaus zu vermeiden. Als Grundschullehrer hat man viel mit Kindern zu tun. Ich glaube, dass ich versucht habe, mich intensiv um meine eigenen drei Kinder zu kümmern und viel Zeit mit ihnen zu verbringen. Natürlich habe ich versucht, meinen Kindern meine wenigen handwerklichen Fähigkeiten zu geben (Fahrrad flicken, Bilder aufhängen, Lampen anschließen ...). Aber witzigerweise haben sie keinerlei Interesse daran. Selbst mein ältester Sohn möchte keine Bohrmaschine benutzen. Das ist schon etwas verrückt, finde ich."

Wieland hat seinen eigenen Sohn ähnlich im Stich gelassen, wie er es als knapp Fünfjähriger bei seinem Vater erlebt hat: "Ich habe den Fehler meines Vaters wiederholt. Ich bin aber mit meinem Sohn viel offener, intimer, ich motiviere ihn besser und bin nicht streng mit ihm. Es gibt auch keinen Grund. Er ist ganz erfolgreich. Was ich heute auch (noch) nicht kann, ist, ihn zu umarmen und zärtlich zu ihm zu sein. Ich konnte ihn noch nicht um Verzeihung bitten, dass ich ihn so früh verlassen habe."

"Ich versuche, die Fehler, die mein Vater gemacht hat, nicht zu wiederholen", gesteht Hannes: "Ich stehe zu meiner Meinung und zu meinen Anweisungen. Gelegentlich muss ich sie nach einer Diskussion revidieren. Ich habe viel Zeit mit meinen Kindern verbracht und tue dies noch heute." Auch wenn wir es nicht zugeben wollen, wir möchten die Kinder manchmal ganz rigoros nach unserem Bilde formen und missachten dabei ihre eigene, andere Persönlichkeit. Kurt: „Meine beiden Töchter sind inzwischen erwachsen. Ich denke, sie halten große Stücke auf ihren Vater. Ich liebe sie sehr und habe, als sie noch zu Hause waren, gerne viel Zeit mit ihnen verbracht. Manchmal ertappe ich mich aber auch dabei, meine Art auf sie zu übertragen, und übersehe, dass sie nicht so sind wie ich. Die Rollen sind bei uns ‚klassisch' verteilt: Für die sachlichen Probleme bin ich ‚zuständig', für das Soziale, Persönliche meine Frau."

Wie sollte ein Vater von Anfang an eine reife erzieherische Instanz sein? Väter und Mütter sind wie ein Camembert – sie reifen langsam. Barnhelm erkennt: „Wenn ich mich im Geiste einen Meter neben mich selbst stelle und zurückblicke, wie ich damals als frischer Papa agiert habe, muss ich eingestehen, dass ich zunächst auf ganzer Fläche versagt habe. Nicht, dass ich meine Töchter nicht innig geliebt hätte, nein, aber meine Frau hat unsere Kinder erzogen und geprägt. Und sie hat das fantastisch gemacht. Ich war damals noch am Beginn meiner beruflichen Laufbahn. Ich wollte nichts auslassen, überall dabei

sein, alles mitnehmen, was mich beruflich weiter-
bringt. Heute kommt es mir wie eine Flucht von zu
Hause vor, Flucht aus der Verantwortung der Kin-
dererziehung. Oder bin ich vor meiner eigenen
Unfähigkeit weggelaufen? Dabei wollte ich ein für-
sorglicher Vater sein, der seinen Kindern Geborgenheit und Sicherheit vermittelt."

Aris meint: „Meine Vaterschaft gerät mir gut. Ich
versuche auch immer, für mein Kind da zu sein. Um
ehrlich zu sein, ich bin bei weitem nicht so gut wie
mein Vater." Hans wiederum möchte gerne noch
mehr Vaterschaft realisieren: „Ich würde sagen, meine Vaterschaft ist mir gut gelungen, mit allen meinen
persönlichen Unzulänglichkeiten. Meinen Sohn, der
jetzt fünfzehn wird, sehe ich selten. Das schmerzt
mich, da ich weiß, dass er mich jetzt besonders
braucht. Das sage ich ihm auch. Wenn ich mit meinen Kindern zusammen bin, zwei erwachsene Töchter und besagter Sohn, ist es sehr schön und intensiv."

Kinder können sich die Wesensart ihrer Eltern nicht
aussuchen. „Meine Vaterschaft gerät gut", schreibt
Waldo. Aber: „Ich bin ein präsenter Vater, allerdings
mit depressiven, abweisenden Phasen." Hier geht es
offensichtlich insgesamt gut. Ich erinnere mich an

einen Klienten, der eine haltlos alkoholkranke Mutter und einen manisch depressiven (bipolaren) Vater hatte. Das war für ihn schrecklich. In diesem Sinn spricht Nietzsche (in: *Menschliches, Allzumenschliches*) von der „Tragödie der Kindheit, wenn edle Menschen ihren härtesten Kampf in der Kindheit zu bestehen haben, gegen Vater oder Mutter".

Der therapieerfahrene Jonas sieht sich zum Teil in einer unheiligen Vaternachfolge: „Ich wiederhole einige seiner Fehler, obwohl ich es nicht will und in der Lage bin, darüber nachzudenken. Ich erlebe mich wie ferngesteuert, besonders in Stresssituationen mit meinem Sohn." Dankbar ist hingegen Bodo: „Ich lebe bewusster, verständnisvoller, als liebender, verzeihender und helfender Vater. Ich denke, dass mir dies weitestgehend gelungen ist." Auch Knut ist erleichtert: „Meine Kinder führen ein losgelöstes, freies Leben. Sie können kommen, wann sie wollen. Wir telefonieren, schreiben uns, sehen uns regelmäßig. Sie kommen gerne zu Besuch und haben gerne Kontakt, nicht nur wenn sie etwas brauchen. Sie haben eine stabile Basis und sind bisher einen graden Weg gegangen. Ich habe Fehler wiederholt, indem ich gearbeitet habe wie ein Stier. Aber ich war da, wenn ich gebraucht wurde. Sie waren da, wenn sie es wollten. Es war immer Zeit, zu reden und etwas zusammen zu unternehmen. Wir fahren heute noch gemeinsame Motorradtouren. Auch wenn meine erste Ehe nicht mehr gesund war, die Kinder wussten immer, wo sie dran waren. Da hatten wir als Eltern eine klare Linie." Vaterschaft ist, so zeigen die Antworten, ein fortlaufender Lernprozess: Learning by Doing.

Herbert: „Meine Vaterschaft gerät mir gut, so sehe ich das. Dadurch, dass ich mich intensiv mit dem Verhältnis zu meinem Vater, sowie mit seinem Verhältnis zu seinen Eltern auseinandergesetzt habe, kann ich die Fehler, welche mein Vater begangen hat, für mich nahezu ausschließen. Das erfordert jedoch, dass ich ständig an mir selbst arbeite und meine Position gegenüber meiner Tochter immer wieder neu bewerte."

Manchmal ist ein Kind auch im Bermudadreieck einer frühen unheilvollen Beziehung verschwunden. Ist das Verhältnis dann noch heilbar? Erich ist zuversichtlich: „Mit meiner Tochter aus erster Ehe, die wegen der sehr frühen Trennung und Scheidung und der schnellen Wiederverheiratung ihrer Mutter wahrscheinlich bis heute noch gar nichts von mir weiß, möchte ich zusammenfinden." Erich konstruktiv: „Das ist noch offen." Auch die zweite Ehe mit zwei Söhnen ging in die Brüche. Da gelang es Erich jedoch, für die beiden „zu jeder verfügbaren Zeit und Gelegenheit da zu sein". „Ich liebe meine Söhne. Und sie wissen, dass sie geliebt sind. Ich weiß, dass meine Söhne mich lieben."

Der libanesische Dichter Khalil Gibran (1883 – 1933) mahnt in seinem Poem *Der Prophet*: „Deine Kinder sind nicht deine Kinder. / Sie sind die Söhne und die Töchter / der Sehnsucht des Lebens/nach sich selbst./ Du bist der Bogen, / von dem deine Kinder / als lebende Pfeile / ausgeschickt werden."

Wie schwer ist es, genau die Schwarze Pädagogik des Vaters nicht zu kopieren, die er mit der Kampfansage „Solange du die Füße unter meinen Tisch steckst, hast du zu tun, was ich sage" praktizierte! Oskar meint: „Ich hoffe und glaube nicht, dass ich die Fehler wiederholt habe. Im Großen und Ganzen habe ich es mit Hilfe meiner Frau ganz gut hinbekommen. Zumindest habe ich meine Jungs ihren Weg gehen lassen, ohne ihnen vorzuschreiben, was sie tun oder lassen müssen, auch wenn es nicht immer leicht war."

Nils sieht es differenziert: „Im Denken und Empfinden habe ich mehr Ähnlichkeit mit meiner Tochter.

Mein Sohn bringt eine andere Seite herein. Dafür liebe ich ihn, aber es ist nicht ohne Konfrontation. Ich habe kein Problem, ihn in den Arm zu nehmen, was er akzeptiert, wahrscheinlich auch mag. Das habe ich auch in seiner Pubertät so gemacht, obwohl es dann ab und zu für ihn ,peinlich' war. Ich versuche, toleranter, großzügiger zu sein und die ,Fehler' meines Vaters zu vermeiden. Als Korrektiv habe ich da meine Frau, die mir den ein oder anderen Hinweis gibt. Ich denke, ich sollte mit ihm einmal alleine etwas unternehmen."

Carlo, der sich bei seinem eigenen Vater immer „beschützt und geborgen" fühlte, strahlt sozusagen in seiner Antwort: „Ich liebe meine vier Kinder über alles. Ich gebe dies auch durch Kuscheln, Spielen, Streicheln weiter, teilweise eine halbe Stunde lang, bis zum Einschlafen. Ich unternehme viel mit ihnen, ich habe aber immer Angst, ein Kind zu vernachlässigen, wenn ich mit dem anderen etwas unternehme. Alles in allem denke ich, dass sie sich ganz ordentlich entwickeln." Engelbert, der selbst darauf wartete, dass sein Vater ihn in den Arm genommen und gesagt hätte, dass er ihn liebt, bekundet knapp und schön: „Mit meinen Kindern habe ich ein tolles Verhältnis. Ich nehme sie in den Arm und drücke sie viel. Meine Enkelkinder sind mir sehr wichtig. Ich wiederhole nicht die Fehler meines Vaters."

Nun, lieber Bruder Mann, wo hast du dich in all den Rückmeldungen dieses Buches gefunden? Wo sind deine Baustellen, wo deine gelungenen Reifungsschritte in Sachen *Rabenvater*? Entgegen ihrem schlechten Image sind Raben ja hervorragende Väter mit verlässlichem Fütterungstrieb! Gerade in der eigenen Vaterschaft kannst du dich heilen, gleichgültig, ob es sich um die Liebe zu deinem Sohn oder zu deiner Tochter handelt. Horst Petri hat dies tiefenpsychologisch (in: *Väter sind anders*, ebd. S. 189 f.) eindrucksvoll erläutert: „Der Stolz des Vaters auf seinen Sohn bezieht sich auf den Umstand, dass er sich in ihm noch einmal reproduziert hat. Sein Spiegelbild enthält alle realen und fantasierten Selbstentwürfe, die trotz der bestehenden Wesensunterschiede für immer in Spuren erhalten bleiben. Aus ihrer narzisstischen Spiegelung ... zieht der Vater eine mächtige Kraft zum Ausbau und zur Stabilisierung seiner männlichen wie väterlichen Identität. Dabei wird der Sohn als Objekt verinnerlicht und zu einem Teil des eigenen Selbst. Der Sohn trägt seinerseits zu diesem Prozess bei, indem er den Vater in seiner Männlichkeit bewundert und bestätigt."

Die Tochter beschenkt den Vater durch ihre komplementäre Persönlichkeit. Horst Petri schlussfolgert: „Die Tochter ... wird in anderer Form für den Vater bedeutsam. Sein Erstaunen über das ganz andere Wesen bringt Gefühlssaiten in ihm zum Schwingen, die die weichen, sanften, zärtlichen, das heißt die weiblichen Anteile in ihm wiederbeleben, die der Verdrängung anheimgefallen waren. Dieser Gefühlsreichtum rundet die Persönlichkeit des Vaters zur Ganzheit ab. Indem die Tochter diesen Zauber vollbringt, heilt sie den Vater von früheren Verletzungen. Aber sie tut noch mehr ... Sie besänftigt, beruhigt und befriedet die aggressive Kraft des Vaters. Das Mädchen, die Frau in ihr, hilft ihm, sein männliches Aggressionspotenzial abzumildern, unter Kontrolle zu halten und durch Neutralisierung die liebevollen Seiten stärker zur Geltung zu bringen."

Wenn ich den Vater in meinem Herzen liebevoll beherberge, werde ich selbst ein Liebender sein. Ich  nutze meine Stärke nicht mehr länger zur missbräuchlichen Macht und Unterdrückung, sondern zur Unterstützung anderer. In der Wirtschaft spricht man von diesen unterstützenden Führungskräften als *Supportive Leaders.* Diese unterstützende Qualität und Menschenliebe wird umso wichtiger, je älter ich als Mann werde. Goethe umschreibt diese väterliche Geberfähigkeit mit den Worten: „Soll dich das Alter nicht verneinen, / so musst du es gut mit anderen meinen, / musst viele fördern, manchem nützen, / das wird dich vor Vernichtung schützen."

Wir Männer sind Söhne von Vätern, die Fehler gemacht haben. Sie gaben oft weiter, worunter sie selbst litten, In der Regel wollten sie jedoch das jeweils ihrer Meinung nach Beste für uns tun. Es ist unsere Aufgabe, den väterlichen Schatten zu erkennen und uns von ihm zu befreien, aber auch das väterliche Licht zu entdecken und leuchten zu lassen. Durch die *Entdämonisierung* des „Rabenvaters" und seine *Würdigung*, durch *Selbstbevaterung* und durch eigene liebevoll gelebte *Vaterschaft* reifen wir als Persönlichkeit. Es sind existenziell wichtige Schritte auf dem immerwährenden Weg unserer erlösenden Ich-Suche.

Am Ende werden wir uns vielleicht in diesem Gedicht des 1815 verstorbenen Dichters Matthias Claudius wiederfinden:

Empfangen und genähret
Vom Weibe wunderbar
Kömmt er und sieht und höret,
Und nimmt des Trugs nicht wahr:
Gelüstet und begehret,
Und bringt sein Tränlein dar;
Verachtet, und verehret;
Hat Freude, und Gefahr;
Glaubt, zweifelt, wähnt und lehret,
Hält nichts, und alles wahr;
Erbauet, und zerstöret;
Und quält sich immerdar;
Schläft, wachet, wächst und zehret;
Trägt braun und graues Haar
Und alles dieses währet,
Wenn's hoch kommt, achtzig Jahr.
Dann legt er sich zu seinen Vätern nieder,
Und er kömmt nimmer wieder.

Was die Utopie einer gelungenen Vater-Sohn-Liebe
bedeuten könnte, das habe ich in dem von dem verstorbenen Männertherapeuten Wilfried Wieck herausgegebenen Sammelband *Absender: Dein Sohn.*
Briefe an den Vater (1995) gefunden. Da rühmt der
Sohn seinen Vater mit den Worten:

„Als Kind lag ich oft im Bett und konnte es kaum erwarten, bis Du von der Arbeit nach Hause kamst. Ich freute mich immer sehr auf Dich. Du hast Dich dann zu mir ans Bett gesetzt, mir übers Haar gestrichen und aus den Mickymaus-Heften vorgelesen, die Du mir mitgebracht hast.

Der Körperkontakt mit Dir war immer so wohltuend. Du hast mich oft an meiner kleinen Hand genommen, mich oft hochgenommen, so dass ich Dich umarmen und mit Dir schmusen konnte. An den Wochenenden schlüpfte ich morgens in Dein Bett und kuschelte mit Dir. Oft habe ich in Deinen Armen geschlafen. Ich erinnere mich an Deine starke, behaarte Brust und an Deine kräftigen Arme. Immer hast Du mich jedoch behutsam und zärtlich gehalten. Ich mochte Deinen Körperduft sehr. Ich fühlte mich bei Dir geborgen, sicher und geliebt.

Die ersten Jahre meines Lebens waren schöne Jahre. Ich hatte grenzenloses Vertrauen zu Dir. Du warst ein liebender und freundlicher Vater. Deine Fürsorge tat mir unendlich gut."

Welch ein Glück, so geliebt worden zu sein! Welch ein Glück aber auch, trotz eines „Rabenvaters" so sein Kind lieben zu können. Das ist meine, das ist deine Chance, lieber Bruder Mann: Amor vincit omnia. Die Liebe besiegt alles.

Ein Verlag, ein Haus, eine Philosophie.

Millionen Bundesbürger kennen den kämpferischen Ganzheitsarzt Dr. Max Otto Bruker (1909 – 2001) aus dem Fernsehen, aus Vorträgen, durch den „Mundfunk" überzeugter Patienten. Vor allem lesen sie aber die rund 30 Bücher des schwäbischen Humanisten und Seelenarztes. Mit einer Gesamtauflage von über drei Millionen Exemplaren ist Max Otto Bruker der wohl bedeutendste medizinische Erfolgsautor im deutschsprachigen Raum. Der – in der Nachfolge des Schweizer Reformarztes Bircher-Benner scherzhaft „Deutschlands Vollwertpapst" genannte – Massenaufklärer, langjährige Klinikchef und Ernährungsspezialist lehrt zwei fundamentale Erkenntnisse Patienten wie Gesunden: Der Mensch wird krank, weil er sich falsch ernährt. Der Mensch wird krank, weil er falsch lebt. *(+ sich selbst nicht liebt)*

Hinter den Erfolgstiteln des emu-Verlages steht ein bedeutender Forscher und Arzt, eine Bewegung, ein Haus und tausende Schülerinnen und Schüler. 1994 wurde das „Dr.-Max-Otto-Bruker-Haus", das Zentrum für Gesundheit und ganzheitliche Lebensweise, auf der Lahnhöhe in Lahnstein bei Koblenz bezogen. Es stellt die äußere Krönung des Brukerschen Lebenswerkes dar: Der lichte Bau mit seinem Grasdach, den Sonnenkollektoren, seinen Seminarräumen, dem Foyer mit der Glaskuppel, dem liebevollen Biogarten, dem „Raum der Stille" und der Kneippanlage ist als Treffpunkt für all jene konzipiert, denen körperliche und seelische Gesundheit, ökologische und spirituelle Harmonie Herzensbedürfnis und Sehnsucht sind.

Hinter dem eleganten Halbmondkorpus mit dem markanten Grasdach verbirgt sich eine Begegnungsstätte für Gesundheitsbewusste, Seminarteilnehmer, Trost-, Ruhe- und Anregungsbedürftige.

Feste Termine:

Jeden Dienstag, 18.30 Uhr: Vortrag Dr. phil. Mathias Jung (Lebenshilfe und Philosophie)
Jeden Mittwoch, 10.30 Uhr: Fragestunde mit Dr. med. Jürgen Birmanns (Ärztlicher Rat aus ganzheitlicher Sicht)

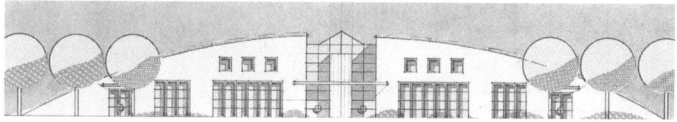

Das Dr.-Max-Otto-Bruker-Haus

Ausbildung Gesundheitsberater/in GGB
Lebensberatung/Frauen-, Männer- und Paargruppen

Die vitalstoffreiche Vollwertkost hat ihre Verbreitung, auch im klinischen Bereich, durch die unermüdliche Information und praktische Durchführung von Dr. M. O. Bruker gefunden. Um die Erkenntnisse gesunder Lebensführung und die durch falsche Ernährung provozierte Krankheitslawine ins öffentliche Bewusstsein zu rücken, bildet die von ihm 1978 gegründete „Gesellschaft für Gesundheitsberatung GGB e.V." ärztlich geprüfte Gesundheitsberaterinnen und Gesundheitsberater GGB aus. Über 5000 Frauen und Männer haben bislang die berufsbegleitende Ausbildung bestanden. Sie wirken in Volkshochschulen, Bioläden, Lehrküchen, Krankenhäusern, ärztlichen Praxen, Krankenversicherungen und ähnlichen Bereichen.

Auf der Lahnhöhe erhalten sie durch das GGB-Expertenteam nicht nur eine sorgfältige Grundlagenausbildung über die vitalstoffreiche Vollwerternährung und den Krankmacher der „entnatürlichten" (denaturierten) Zivilisationsernährung (raffinierter Fabrikzucker, Auszugsmehle, fabrikatorische Öle und Fette, tierisches Eiweiß usw.), sondern gewinnen auch Einblick in die leibseelischen Zusammenhänge der Krankheiten.

Praxisseminare/Kochkurse

Das Dr.-Max-Otto-Bruker-Haus verfügt über eine Lehrküche sowie einen großen Kräutergarten. Hier werden zahlreiche vegetarische Koch- und Backkurse für eine moderne vitalstoffreiche Vollwertkost angeboten. Der Schwerpunkt liegt auf einer „alltagstauglichen" aber dennoch fantasievollen, gesunden Ernährung ohne Tiereiweiß.

Das Programm umfasst Einführungskurse in die vitalstoffreiche Vollwertkost, Brotbackkurse, Männerkochkurse, Weihnachtsbäckerei, einen Kurs „Kaltes Büfett" und seit 2011 auch Wildkräuterseminare (incl. Zubereitung von Wildkräutergerichten).

Anfragen zur Gesundheitsberater-Ausbildung wie zu allen weiteren Seminaren, den Selbsterfahrungsgruppen, Lebensberatung, Gestalt- und Paartherapie bei Dr. Mathias Jung und weiteren Tages- und Wochenendseminaren sowie Einzelberatung sind zu richten an die Gesellschaft für Gesundheitsberatung GGB e.V., Dr.-Max-Otto-Bruker-Str. 3, 56112 Lahnstein (Tel.: 0 26 21/91 70 10, 91 70 17, 91 70 18, Fax: 0 26 21/91 70 33).
E-Mail: seminare@ggb-lahnstein.de
Internet: www.ggb-lahnstein.de
Fordern Sie ebenfalls ein kostenloses Probe-Exemplar der Zeitschrift „Der Gesundheitsberater" an.

Von Dr. Jung sind im emu-Verlag bisher in der
„blauen reihe" erschienen:

Von Dr. Jung sind im emu-Verlag bisher in der „roten reihe" erschienen:

Von Dr. Jung sind im emu-Verlag bisher in der „gelben reihe" erschienen:

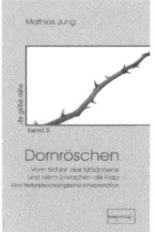

Von Dr. Jung sind im emu-Verlag bisher in der Sprechstunden-Reihe erschienen:

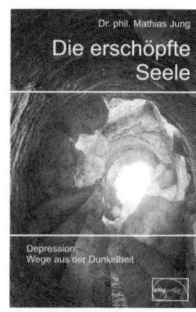

Von Dr. Jung ist
im emu-Verlag
eine Bibelinterpretation
nach Walther H. Lechler
erschienen:

Mathias Jung

Dr. Jung's KLEINE SEELENAPOTHEKE

Gedanken, Fundstücke, Einsichten & Zweisichten

Gedanken, Fundstücke, Einsichten & Zweisichten

Wir sind uns selbst das größte Rätsel. Es zu lösen ist schmerzhaft, spannend und befreiend

Von Dr. Jung sind in Zusammenarbeit mit der Grafikerin Andrea Montermann (Illustrationen) folgende Titel erschienen:

Von Dr. Jung sind im emu-Verlag folgende Vorträge als Audiokassetten bzw. CDs erschienen:

Lebensberatung

- Mein Charakter – mein Schicksal?*
- Die erschöpfte Seele – Depression*
- Das Verdrängte in unserer Seele
- Die Wunde der Ungeliebten
- Das Nein in der Liebe
- Was ist der Sinn des Lebens?
- Meine Sprache – meine Seele
- Söhne brauchen Väter
- Krankheit als Kränkung und Anpassung
- Eifersucht – ein Schicksalsschlag?*
- Der Mann – ein emotionales Sparschwein*
- Geschwisterliebe – Geschwisterrivalität*
- Verlassen und verlassen werden
- Neurodermitis – Fehlernährter Körper – Aufgekratzte Seele
- Das sprachlose Paar*
- Zweite Lebenshälfte – Endlichkeit und Aufbruch
- Das Drama der Trennung*
- Ein Zimmer für mich
- Mut zur Angst
- Sexualität – Lust und Last
- Außenbeziehung – Krise oder Chance
- Liebesverträge in der Beziehung
- Lob der Einsamkeit
- Aggressionen unter Liebenden
- Mehr Zeit für mich

- Alkoholkrank: Der Betroffene und seine Familie
- Lebensbedingte Krankheiten nach Dr. M. O. Bruker
- Meditation: Freude Angst – Hoffnung
- Alter und Tod. Rätsel der Natur
- Verzeihen und Versöhnen*
- Frieden mit den Eltern
- Das Paar im Wandel: Jugend, Mitte, Alter
- Sexueller Missbrauch
- Seele – Sucht – Sehnsucht*
- Organtransplantation – Sterben auf Bestellung?
- Humor und Zärtlichkeit
- Suizid – der Betroffene und die Angehörigen
- Übergewicht – der Kampf mit dem eigenen Körper
- Das Rätsel psychosomatischer Krankheiten*
- Arbeit – Fluch oder Lebenselixier

Märchen

- Der kleine Prinz – mein verschüttetes Ich*
- Froschkönig – Glück und Zähneklappern der Liebe
- Das verletzte Kind in mir oder Hans mein Igel*

* auch als CD erhältlich